그날을 말하다

잠수사 김상우

4·16구술증언록 잠수사 제1권

그날을 말하다

잠수사 김상우

4·16기억저장소 기획 편집
(사) 4·16세월호참사가족협의회 지원 협조

일러두기

1. 음절로 식별 가능한 소리를 들리는 대로 전사하는 것을 원칙으로 한다.

2. 의미를 파악하기 위해 추가 설명이 필요할 경우 [ ]로 표시한다.

3. 몸짓, 어조 등 비언어적 행위는 ( )로 표시한다.

4. 구술자가 말을 잇지 못해 말줄임표를 사용하는 경우 ……, …로 길고 짧음을 표시한다.

5. 비공개 영역은 〈비공개〉로 표시한다.

6. 비공개해야 하는 희생자 형제자매의 이름은 ○○, △△ 등의 도형기호로, 생존자의 이름은 A, B, C 등 알파벳 대문자로 표시한다.

7. 비공개해야 하는 제3자는 직분이나 소속, 성만 공개하고, 이름은 ××로 표시한다. 비공개해야 하는 숫자는 자릿수에 상관없이 □로 표시하며, 지명은 □□로 표시한다.

4·16기억저장소에서는 세월호 참사 5주기를 맞아 구술증언 수집 사업의 결과물 일부를 100권의 책으로 발간하게 되었습니다. 이 사업은 2015년 6월부터 다양한 학문 분야 구술 연구자들의 자발적인 참여로 진행되어 왔으며, 세월호 참사를 좀 더 정확하고 다각적으로 기록하고 기억하고자 하는 노력의 일환으로 수행되었습니다.

2014년 참사 발생 이후, 참사 피해자들의 목격담과 경험은 안타깝게도 공식적인 국가기관과 언론의 기록 속에서 철저히 소외되거나 왜곡되었습니다. 그것은 세월호 참사가 우리에게 안긴 죽음과 고통의 충격만큼이나 우리 사회의 끔찍한 비극이었습니다. 따라서 사업을 진행하면서 세월호 참사 희생자 가족, 생존자, 생존자 가족, 어민, 잠수사, 활동가, 기자 등등, 참사의 초기 과정을 직접 경험한 분들의 증언을 우선적으로 수집했습니다. 구술자는 이 사업의 취지와 방식에 개인적으로 동의한 분 중에서 선정했으며, 참여 과정에 어떠한 금전적 보상이나 이익이 제공되지 않았습니다. 또한 구술증언 수집 사업을 진행하는 동안, 면담자는 연구자이자 참사를 겪은 공동체 시민으로서 최대한 윤리적이고자 노력했습니다.

구술자마다 매회 약 2시간씩 3회를 원칙으로 음성 녹취와 영상 촬영을 하는 방식으로 진행되었고, 증언의 일관성을 확보하기 위해 면담자는 큰 틀에서 공통 질문지를 사용했습니다. 공통 질문지의 내용은 참사와 구술자 간의 관계성에 따라 차이가 있지만, 유가족 구술의 경우 1회차 '참사 이전의 삶, 팽목항과 진도에서의 경험, 자녀에 대한 기억'을, 2회차 '참사 이후 투쟁과 공동체 활동 경험'을, 3회차 '참사 이후 개인 및 가족이 경험한 삶의 변화와 깨달음, 자녀의 현재적 의미'를 중심으로 했습니다. 이처럼 증언 내용은 참사 이전에서 시작해 참사 발생 당시의 경험과 이후의 변화 과정까지 폭넓게 수집했고, 면담자는 구술 채록 과정에서 구술자의 발화를 최대한 존중하고자 했으며, 무엇보다 각자의 특수한 경험과 다른 시각을 충실히 반영하고자 했습니다.

이 구술증언록의 발간을 위해, 채록된 음성 자료는 문서로 변환해 구술자와 함께 검토했고, 현재 시점에서 공개할 수 있는 영역과 할 수 없는 영역으로 구별했습니다. 따라서 책에 실린 내용은 모두 구술자로부터 공개를 허락받은 부분입니다. 비공개 영역은 추후 구술자의 동의를 받아 적절한 절차를 거쳐 추가로 공개될 수 있으리라 생각합니다.

이 구술증언록 100권에는 그동안 우리 사회에 왜곡되어 알려지거나 잘 알려지지 않았던, 참사 발생 직후 팽목항과 진도 혹은 바다에서의 초기 상황에 관한 중요한 증언이 포함되어 있습니다. 또한, 자녀를 잃는 잔인하고 애통한 상황을 겪으면서도 그 누구보다 강인한 정치적 주체로 성장할 수밖에 없었던 유가족의 마음과 경험을 구체적으로, 그리고 여러 각도에서 살펴볼 수 있습니다. 그 외에도, 이 구술증언록은 2014년을 전후한 한국 사회의 여러 측면을 드러내는 귀중한 자료가 되리라고 생각합니다. 무엇보다 국내외의 많은 분이 이 책을 읽어, 장차 세월호 참사의 진상 규명과 역사 서술에 기여할 수 있기를 바랍니다.

구술증언 수집 사업이 진행되고, 책으로 출간되기까지 많은 분의 도움과 지지가 있었습니다. 이 지면을 빌려 부족하나마 감사의 말씀을 전하고자 합니다.

먼저 (사)4·16세월호참사가족협의회와 4·16기억저장소에 감사를 드립니다. 이분들의 신뢰와 적극적인 협조가 없었다면, 이 사업은 처음부터 시작할 수조차 없었을 것입니다. 또한 어려운 정치 환경 속에서도 사업의 취지에 공감해 재정 지원을 결정해 준 아름다운가게와 역사문제연구소에 감사드립니다. 두 단체 덕분에, 이 사업을 4년 동안 계속해 올 수 있었습니다. 그리고 구술증언록 100권의 발간에 동의하고, 바쁜 일정에도 출판 실무를 기꺼이 맡아주신 한울엠플러스(주)에도 감사를 드립니다. 이 외에도 많은 개인과 단체가 직간접적으로 많은 도움을 주시고 격려해 주셨습니다. 여기에 모두 밝히지 못하는 것을 죄송하게 생각합니다.

　말할 필요도 없이, 가장 크고 또 가슴 아픈 감사는 구술자 한 분한 분께 드리고자 합니다. 이 책이 발간될 수 있었던 것은, 무엇보다 용기를 내어 아픔과 고통의 기억을 다시 떠올리고 장시간 진심으로 이야기를 해주신 구술자가 있었기 때문입니다. 오랜 시간 이야기를 나누며 함께 공감하기도 했지만, 그 아픔과 고통을 어떻게 가늠할 수 있을까 싶습니다. 더 큰 도움이 되지 못함을 안타까워하며, 이 구술증언록 100권의 발간이 피해자분들에게 조금이라도 위로가 될 수 있기를 기원합니다.

2019년 4월

4·16기억저장소 구술팀 책임자
서울대학교 인류학과 교수 이현정

차례

■ 1회차 ■

잠수사 김상우

구술자 김상우는 세월호 참사 현장에서 희생자들의 수색에 참여했던 잠수사 중 한 명이다. 김 잠수사는 참사의 소식을 안타까운 마음으로 지켜보고 있던 중, 전광근 잠수사가 자원봉사자로 나서 진도 해역에서 아이들을 수색하고 있다는 소식을 접하고 한걸음에 진도로 달려갔다. 여러 준비를 마치고 2014년 4월 23일부터 잠수를 시작한 그는, 하루에 10시간 이상씩 혼신의 힘을 다해 잠수 일에 몰두했다. 6월 말, 잠수 중에 무너져 내린 물체와의 충돌로 급성 목 디스크 판정을 받은 그는 평생 직업이었던 심해잠수 일을 더 이상 할 수가 없다. 김 잠수사는 세월호 참사로 인한 피해자의 한 사람으로서 오늘도 유가족들과 함께 "세월호 참사의 진상 규명과 안전 사회의 건설을 위해 끝까지 노력하겠다"라고 다짐한다.

김상우의 구술 면담은 2016년 6월 15일, 그리고 2020년 5월 6일, 2회에 걸쳐 총 4시간 50분 동안 진행되었다. 면담자는 김익한, 촬영자는 김향수였다.

구술자 본인의 프라이버시나 제3자의 프라이버시를 보호해야 할 부분을 제외하고는 구술자의 발화를 있는 그대로 전사했다.

1회차

2016년 6월 15일

1
시작 인사말

면담자 본 구술증언은 4·16 사건에 대한 참여자들의 경험과 기억을 기록으로 남김으로써 이후 진상 규명 및 역사 기술에 기여하고자 합니다. 지금부터 잠수사 김상우 씨의 증언을 시작하겠습니다. 오늘은 2016년 6월 15일이며, 장소는 서울 서대문구 명지대학교 김익한 연구실입니다. 면담자는 김익한이며, 촬영자는 김향수입니다.

2
구술 참여 동기

면담자 어려운 결심해 주셔서 너무 감사드리구요. (김상우 : 네) 우선 이 구술에 참여하시게 된 계기나 동기랄까요, 그런 부분에 대해서 간단하게 말씀 부탁드리겠습니다.

김상우 아, 참여하게 된 동기라면 세월호 참사 사고 현장 내용과 그리고 저희 잠수들의 좀 현장에 있었을 때의 내용과 잠수사들의 심정 그리고 잠수사들의 현재 상황과 그리고 최종적으로는 세월호 사고의 진상 규명을 정확히 좀 하는 데 있어서 도움이 되고자 이 얘기를 하고 싶습니다.

면담자 처음에 누가 제안을 했습니까?

김상우 오라고…. 현장에 있는 전광근 잠수사가 있었는데 제

후배 잠수사입니다. 저 군 있을 때부터 후배였는데, 그 잠수사가 현재 대한민국 잠수사 중에서 가장 유능하다고 볼 정도로 경험도 많고 또 최근에 천안함 때에도 거기서 또 일을 좀 했었고, 저희 몇몇 선후배들한테 인제 연락을 했습니다, 이 사고가 난 이후에. 근데 이제 그 현장에 있는 잠수사가 전광근 잠수사라고 하더라구요. 그 잠수사는 17일 날에 내려갔다고 하더라구요. 저는 한 20일쯤에 통화를 했는데 통화하고 나서 그 잠수사가 전광근 잠수사가 하는 말이, "TV에는 600명 잠수사가 있다"고 하는데 잘 저도 못 믿겠어서 물어봤더니 "현장에 잠수하고 있는 잠수사는 여덟 명 있다"고 "일곱 명인가 여덟 명 있다"고 그러더라구요. 그 여덟 명이서 그 큰 배에 수색을 한다는 게 도무지 너무 힘들 거 같아서 "어떻게 하냐"고 걱정이 돼서 통화를 하다가 "경험 있는 사람이 좀 왔으면 좋겠다" 그래서 여기저기 얘기를 했는데, 국내에 이 일을 할 수 있는 경험자들이 제 생각으로는 한 100여 명 안팎이라고 생각합니다. 여러 명한테 전화를 했더니 뭐 다른 현장에 있어서 오지 못하는 사람들도 있고, 또 작업이 작업인 만큼, 힘든 만큼 안 오려는 사람들도 있었고. "너무 사람이 필요하다. 왔으면 좋겠다, 형이 좀⋯⋯" 광근이가 저한테 그렇게 얘기를 했고, 그래서 저는 통화 끊고 한⋯, 장비 준비해서 그다음 다음 날 이틀 있다 내려간 거 같습니다.

면담자   네. 역사 기록으로서 오늘 같은 이야기를 남기시려고 구술 결심을 하시고 이 자리에 와주셨는데요, (김상우 : 네) 이 구술 증언이 어떻게 이용되기를 원하시는지요?

김상우   아, 구술증언[은] 글쎄요···, 현장에 있는 저는 그냥 그
대로 제가 보고 느끼고 경험했던 것을 말씀을 드릴 것이구요, 그다
음에 다시는 이런 일이 일어나지 않기 위해서 진상 규명을 해야 되
는 것이고 또 우리가 그렇게 또 준비를 하기 위해서 제가 느끼고 경
험했던 얘기가 좀 도움이 됐으면 하는 바램입니다.

3
김상우 잠수사의 생애사

면담자   본격적으로 김 잠수사님의 일종의 생애사랄까요? 그
런 부분에 대한 이야기부터 시작하겠습니다. 우선 태어나신 곳에서
부터 어린 시절, 초등, 중등 정도까지의 시절에 대해서 기억나시는
거 다 편안하게 말씀해 주시면 좋겠습니다.

김상우   글쎄요. 저 어릴 때 수유리에서, 서울 수유리라는 동
네에서 태어났구요. 그 동네서 군대 가기 전까지 20살 때까지 거기
서 살았구요. 고등학교[는] 서라벌고등학교 나왔고 그다음에 20살 때
부터 저는 수영 코치를 했었습니다. 그래서 물을 접하게 됐고 그리
고 또 그 수영장에 또 5미터 풀이 있는데 그 5미터 풀에서 스쿠버하
는, 이제 레포츠 스쿠버하는 사람들을 보게 되면서 '나도 수영 코치
니까 잠수를 좀 배워보고 싶다. 잠수를 좀 하고 싶다'라는 생각이 들
어서 어린 나이죠, 20살 때에 잠수를 접하게 됐어요. 그리고서 군대
갈 나이가 됐고, 군대 갈 나이가 됐을 때 나는, 이미 우리말로는 그

러는데 '물밥을 먹고 있으니까 물 계통으로 가자' 그래서 한국에서 잠수를 가장 많이 하고 잘할 수 있는 부대가 어딘지를 이제 알아본 거죠. 알아봐서 그 부대 SSU[해군해난구조대]라는 부대가 심해잠수사라더라구요, 잠수를 전문적으로 하는 부대. 그래서 스물, 스무 살 때 SSU라는 군대를, 해군 SSU라는 부대를 가게 됐고, 그 이후로 본격적으로 이제 잠수를 하게 됐습니다.

면담자   초등학교 때, 어릴 때 만난 친구인데 현재까지도 만나는 친구들이 있습니까?

김상우   네, 있습니다.

면담자   네, 주로 어떤 친구들이었을까요?

김상우   뭐 잠수하는 친구들은 아니구요. 초등학교 친구들, 중학교 친구들 다 회사 다니고 사업하고 평범하다고 하죠. 평범한 친구들이 보통입니다, 네.

면담자   성장과정에서 좀 활발하신 편이었나요?

김상우   아, 저는 그냥 성격이 활달한 편입니다. 적극적인 편이고 누가 시켜서 하는 스타일 아니고 제가 그냥 이렇게 좋아서 하는 스타일이기 때문에 그냥 활달한 성격입니다, 저는.

면담자   20살 때면 수영 코치를 굉장히 일찍 시작하셨네요. (김상우 : 네) 일찍 시작하시게 된 무슨 이유나 계기가 있으셨나요?

김상우   그런 건 없고 어릴 때부터 운동을 좋아했습니다. 초등학교 땐 씨름했고, 중학교 때 태권도 했고, 이렇게 운동을 되게 좋아

했었구요. 그리고 고등학교 때 인제 수영을 좀 배우게 됐고 그 이후에 운동 선생님을 하고 싶었던 게, 제가 저도 모르게 그런 게 있었나 봐요. 지금 생각해 보면 '꼭 해야겠다' 어릴 때 그런 건 없었을 거 같은데, 그래서 뭐 물도 좋아했고 그런 게 자연스럽게 그냥 아마 수영 코치가 된 게 아닌가 생각합니다.

면담자   군대 SSU에 입대하시게 된 과정은 어떠셨나요? 벌써 20대 초반에 말하자면 잠수사로서의 인생에 대한 어떤 설계랄까? 꿈이랄까?

김상우   그렇죠, 했었죠.

면담자   이런 게 있었겠네요.

김상우   네, 네. 나름 어린 나이지만 계획을 잡아, 잡고 대한민국, 그때는 그랬을 거 같애요, 아마 '대한민국에서 최고의 잠수사가 되고 싶다. 그 길로 가고 싶다'라는 생각이 아마 있었을 것입니다, 분명히.

면담자   그러면은 최고의 잠수사, 전문 직업인으로서의 잠수사를 꿈꾸셨다면은 '어떤 일을 어떻게 멋지게 하고 싶다'라든지 이런 계획이 있으셨을 것 같은데요.

김상우   구체적인 계획은 어렸으니깐 뭐 없었구요. 우리가 영화에서 보면 헬멧 같은 거 쓰고 막 잠수 깊게 하는 그런 걸 영화를 보셨을 텐데, 막연하게 잠수를 하면, 할 거면 스쿠버 잠수가 아니라, 그런 걸 표면공급 잠수라고 그러는데, 내지는 포화잠수[와 같이] '그런 쫌 고난이도 잠수를 좀 해보고 싶다. 그런 잠수를 해야 진짜 베테랑 잠수가 아닌가' 어렸을 때 아마 그런 생각을 했을 겁니다. 어릴 때는 그 어떤 이유나 까닭이 다 이렇게 겉모습 보는 것들이 아마 크니까, 그런 걸 보고 아마 그랬을 거란 이유가 크네요.

면담자　　어릴 때 전문 잠수사로서의 꿈이 잠수사님 삶에서 어떤 의미였는지 알 것 같네요. 돈도 많이 벌지만 그만큼 어려운 일이기도 하고, 존경도 받고 되게 멋진 어떤 전문가가 되고자 하는 그런 꿈이었겠네요.

김상우　　그렇죠. 아무래도 어렸을 때에는…, 좀 막연한 게 컸겠죠, 자세하게 깊게 들어가지는 못했을 것이고. 근데 잠수를 하면서 더 매력에 빠졌던 건 사실입니다. '더 좀 심도 있게 해보자. 깊게 해보자, 잠수를. 그리고 프로페셔널하게 해보자' 그런 걸 더 깊게 생각을 했고, 군생활 하면서 인제 잠수를 더 많이 했기 때문에, 저 같은 경우는 군대 있을 때 좀 사고가 많이 났습니다. 제가 [19]92년도에 해군에 들어갔는데 SSU에 있으면서 93년도에 위도에 '서해 페리호' 사건이라고, 그때도 292명이 사망했습니다. 그 작전에도 갔었고, 94년도에 성수대교 붕괴 때도 작전에도 갔었고, 그리고 충주호 배 불났을 때, 침몰했을 때 그 작전도 했었고, 95년도 씨프린스 침몰선도 제가 했었고, 96년도에 동해 북한 잠수함 넘어왔을 때 그 인양도 했었고 등등 많은 뭐 잠수 일을 좀 해봤는데요, 나중에 얘기하겠지만 지금도 참 안타까운 게, 93년도에 서해 페리호 사건 때 그때는 군이 다 시신 수습과 선체 인양을 했습니다. 그리고 해경은 그때도 단 한 명도 시신을 수습하지 못했고. 그래서 "해경과 정부는 다시는 이런 일이 일어나지 않도록 철저하게 준비를 하겠다"고 93년도 그때 기사를 보면, 그때 사고가 10월 10일 날 났습니다. 지금도 기억이 나는 데 10월 10일, 쌍십 날이라고 그러더라구요. 그 10월 10일 날 그 사고가, 기사를 보면 그런 정부에서 했었던 기사들이 있습니다. 근데 20년이 지금 지나간 이 시점에서 또 이렇게 또 큰 참사가, 세월호라는 참사가 일어난 게 너무 안타깝고, 그 안타까움 때문에 또 갔지만 현장에…. '다시는 이런 일이 일어나지 않게 하기 위해서 이렇게 그냥 이렇게 끝내서는 안 될 거 같다'는 생각이 들고, '세월호가 왜 침몰했는지 확실하게 진상 규명을 하고 그 이유를 찾고 그리고 어떻게 준비를 했는지 준비를 다시 하고, 그거는 정부가, 정부와 해경, 정부에서 정말로 좀 나서서 해야 하지 않나', '이유를 자꾸 은폐하거나 감추려는 게 아니라 잘못한 건 잘못한 거고 인정할 건 인정하고 준비할 건 다시 준비하고 이렇게 해야 정말로 이 나라가 좀 올바르게 가는 게 아닌가' 하는 짧은 생각이, 그런 생각이 듭니다.

면담자   SSU 입대는 부사관으로 보통 입대를 합니까?

김상우   네. 저희 부대는 지금은 [일반]병도 있고 하사관도 있고 하지만, 과거에는 부사관 이상만, 부사관과 장교만 뽑았던 부대구요. 저도 SSU라는 부대에 들어가서 훈련만 8개월을 받았습니다. 32주라는 시간을 받았는데, 그러기 때문에 부사관 이상의 체제로 다 많이 운영이 되고, 또 기술적으로도 오랜 시간이 돼야만 그 기술을 또 습득할 수 있기 때문에 8개월이라는 긴 시간 동안, 봄에 들어가면

가을까지 1년 내내 거의 교육을 받는 거죠. 그렇게 교육을 받고 있습니다.

면담자   92년에 입대하셨으면 그때 훈련을 받고 이제 하사로 들어가셔서 제대할 때는 계급이 어떻게 되셨나요?

김상우   하사 제대했습니다.

면담자   아, 계속 하사로 계시다 제대하셨군요.

김상우   네. 4년 6개월 근무하는데 저희 부대는 인원이 별로 없기 때문에 진급이 그렇게 잘되는 케이스는 아니구요. 지금은 뭐 잘되는 편인데 저희 때는 그렇게 잘되지는 않았습니다. 그러구 저희 부대 자체가 계급 뭐 이런 것도 그렇지만, 저희 부대는 이렇게 차수 위주로 돌아가기 때문에, 1년에 한 번 뽑습니다. 그래서 저희나 SSU나 UDT는 차수가 지금 저희가 몇 차다 그러면 그 연도는 몇 차, 그러니까 UDT도 마찬가지구 SSU도 그렇고 한 차수가 똑같이 나갑니다.

면담자   그러면은 이제 말하자면 의무복무의 역할도 해주는 직업군인이셨군요.

김상우   직업군인이죠.

면담자   직업군인으로 입대를 하셨던 건가요?

김상우   처음부터… 직업군인으로 들어간 거니까, 4년 6개월 할 거를 하고, 그리고 처음에는 이제 SSU라는 부대에서 바로 뽑는 게 없었어요. 지금은 모병이란 게 있어서 SSU 자체에서 뽑습니다.

UDT도 뽑고 UDU[특수정보부사관]도 뽑고 SSU도 뽑고 이런 게 있는 데, 저희 때는 그게 없어 가지고 일단 해군에 무조건 들어가서 해군에서 군생활을 하다가 SSU로 인제 지원하는 그런 케이스죠.

면담자   지금 SSU가 뭔지 모를 분도 있을 거 같아서요.

김상우   약자 뜻이요?

면담자   SSU에서 주특기는 어떤 것이었나요.

김상우   SSU 뜻은 '시 샐비지 유니트[Sea Salvage Unit]'라고 해난구조대입니다.

면담자   구조 업무를 주로 수행하셨군요.

김상우   네, 네

면담자   주로 군에서 구조 역할을 수행하는 그런 부대라는 얘기네요.

김상우   그렇죠. 네, 네.

면담자   SSU에서의 훈련 과정에서 너무 존경하는 선배가 생겼다든지 뭐 그런 경험은 없으셨는지요?

김상우   있죠. 좀 뭐 저희 선배들 보면 훌륭하시고 대단하신 분들 많습니다. 많은데 일일이 다 말씀드릴 수는 없지만. 그리고 저희 부대 훈련은 물론 군생활 훈련은 다 힘들지만 그 딱 그 한계까지. 나는 '이게 한계'라고 생각하는데, 그 훈련을 받고 나면 '아, 이게 한계가 아니고 고비였구나. 넘길 수 있구나'라는 것을 꼭 알려줍니다.

그래서 '그 훈련을 받기를 참 잘했다'. 지금도 생각해도 '못 할 것이 없다'라는 생각을 하고 있고, 그 요즘 TV 프로그램 보면 '진짜사나이'라고 있는데 거기에도 잠깐 나왔습니다, SSU란 부대 그 소개를 할 때. 물론 저희가 받았던 거에 비하면 아주 쪼금 빡세게 안 하더라구요(웃음). 살살 하던데 어쨌든 뭐 되게 뭐 그 힘든 과정, 잠수하는 내용들이 쫌 잘 담겨져 있더라구요. 그런 걸 보면 아마 '아, SSU라는 부대가 어떤 곳인가' 아마 대충 알 것입니다.

면담자　　　그 SSU에서 훈련을 받으면 그 심해잠수는 물론이고, 심해에서 어떤 작업이라도 가능하게 훈련을 하나 보죠?

김상우　　　저희는 잠수가 잠수, 잠깐 잠수를 하고 올라오는 게 목적이 아니라 임무를 하고 오는 겁니다. '어떠어떠한 일을 하고 와라' [하면 하고] 오는 거… 그 임무[를 수행]하는 게 수심이 얕건 깊건 그냥 그 차인 거뿐이지 중요한 거는 임무를 하는 거죠. '어떠한 일을 하고 와라'. 그 일을 뭐 수중폭파가 됐든, 어떤 뭐 사람, 인명구조가 됐든 어떠한 일이건 작전이 떨어지면 그 일을 수행하는 게 군인으로서는 당연한 거니까.

면담자　　　대체로 해저 몇 미터 정도까지를 심해잠수를 하시나요?

김상우　　　보통 심해잠수사는, 심해잠수사라고 하면 보통 일반적인 스포츠, 레포츠 잠수사는 30미터를 잡고 있구요, 저희 군에서는 40미터를 잡고 있습니다. 그 이하로 내려가면 심해잠수라고 하고 있는데 그렇게 되면 장비도 바뀌게 되거든요. 우리가 알고 있는 공기통을 메는 스킨스쿠버 그 장비가 아니라 표면공급식이라고 그래서 호스로 연결해서 하는 그런, 풀페이스 마스크를 쓴다거나 헬멧을 쓴다거나 그런 장비를 쓰는, [그런] 장비를 해야만 심해잠수를 할 수 있어요. 왜냐면 심해잠수는 혼합기체를 쓰거든요. 우리 일반 숨 쉬는 공기통에 있는 일반 압축공기가 아니라 심해가 내려갈수록 산소 중독을 일으키기 때문에 산소부분압을 조정하기 위해서 혼합기체라는 걸 씁니다. 또한 질소마취 때문에도 질소 대신에 또 수소를 또 쓰기도 하고, 그런 게 약간 이렇게 어려운 잠수죠. 지금 말씀드리면 좀 어렵겠지만, 그렇기 때문에 혼합기체잠수를 쓰기 위해서는 그 표면 공급 잠수, 호스 잠수를 합니다.

면담자   일반적으로 40미터 이상이 되는 심해잠수는 말씀하신 특수한 방식이 아니면 어렵다고 봐야겠네요. (김상우 : 그렇죠) 하지만 40미터 정도는 심해잠수의 세계에서는 기초적인 수준인 거죠? (김상우 : 네, 네) 아까 말씀 중에 96년 서해 페리호 참사에서 잠수를 하셨다고 했는데요, 일찍부터 인명구조와 관련된 일을 하셨네요.

김상우   네. 그때 인명구조는 아니었구요, 그때도 사망자 시신 수습이었습니다. 수색을 했는데 그때 참 어린 나이였어요. 어린 나이였는데도 저희 선배랑 그때 첫 다이빙을 지금도 참 잊혀지지 않는데…, 사실 '겁을 안 먹었다'면 거짓말이었을 겁니다. 처음에 첫 다이빙할 때는 좀 두려움도 있었고 하지만 군인이었고 또 해야만 하고 내가 아니면 할 사람이 없기 때문에 자신감이 더, 프라이드가 더, 자부심이 더 컸기 때문에 아마 그것도 해낼 수 있었지 않았나 싶습니다.

면담자   그럼 그 당시 바닷속에서 사망자를 처음으로 조우했던 거네요. (김상우 : 네, 그렇죠. 네) 좀 오래된 일이지만 그때 느낌이나 기억이 나시나요?

김상우   하아, 뭐 잊을 수는 없는 거 같애요, 그때 그 느낌은. 제가 그때 처음 시신 수습했을 때 그때 93년도였는데 그때 올라오면서…. 근데 시신은 우리가 생각할 때 되게 물속에서는 무서울 거 같고 혐오스러울 거 같고 그러는데, 사실 그렇지 않습니다. 그냥 그냥 사람, 사람이에요 사람. 그때도 그렇게 느꼈었고 이번에 세월호에도 느꼈고 그냥 어린아이였고, 이번에 세월호 때 그때는 그냥 어른 사람이었고. 근데 저도 모르게 기도를 하게 되더라구요. '제가 가족 품으로 돌려보낼 테니까 올라가시자'고 한 맷… '돌아가실 때 한 맷히지 말라'고 그냥 그러면서 올라왔던 거 같애요.

면담자   성수대교 붕괴 사고는 참 어처구니없는 사건이잖습니까? (김상우 : 그죠) 그 현장에서는 어떤 느낌이셨나요?

김상우   그때 좀 웃겼죠. 그때도 그 1년 전에 서해 페리호라는 사건이 났었고 그 1년 뒤에 성수대교……. '참, 다리가 다 무너…, 야, 이거는 그것도 그 서울에서 참 어처구니가 없다'. 그때도 통학, 버스에 통학하는 학생들이, 또 여자 학생들이 몇 명 있었어요. 지금도 기억이 나는데 그때는 작업하기 어렵진 않았습니다. 일단 한강이 수심이 깊지가 않고 뭐 조류가 센 것도 아니고, 뭐 강, 강물이었고 그래서 작업하기는 어렵진 않았는데, 그때도 학생이, 여학생들이었고 일반, 일반 사람들도 있었던, 승용차도 몇 대 있었고. 그때도 참 안타까운 거는 똑같죠, 마음 아픈 거는, 그들의 잘못이 아니니까.

면담자　　　SSU에서 군생활 하셨으니까 선후배 관계나 네트워크, 이런 게 굉장히 넓으시겠어요.

김상우　　　네, 저희는 돈독하구요. 그러고 전국 모임도 있고 또 서울지부 모임도 있고 또 SSU 또 서울지부모임 전 또 부회장으로 하고 있고, 매 분기마다 모이고 또 이런 일이 있을 때마다, 뭐 이런 일이 자주 일어나면 안 되겠고 안 되지만, 이런 일을 대비해서 우리가 뭐 준비할 것이 있을까 항상 논의도 하고…. 5분 대기조같이 무슨 일 있을 때에 우린 서울지부에 있으니까 한강 같은 곳이라도 우리가 어떻게 무슨 일이 생기지 않도록 준비도 하는 게 어떤 게 있을까 서로 의논도 하고. 또 119 한강구조대가 있습니다, 119 구조대. 거기에 또 저희 해군 출신들 선후배들이 또 있어요. 그들하고도 또 유대, 연락을 하면서 한강에 어떤 안전사고에 대해서 어떤 또 그런 얘기도 많이 나누고 합니다.

면담자　　　일반적으로 군 출신이고 하니까, 재난이나 사고가 발생하면 국가에 대한 충성이랄까 그런 마음이 발동하나요, 어떠서요? 대체로 군 관련 모임들이 보수적인 성격이라고 알고 있는데요, 그런 건 또 어떤가요?

김상우　　　아니, 모르겠습니다. 저는 뭐 국가, 충성심이 얼마나 있는지 모르겠는데 그런 것보다도 그냥 내 이웃이고 내가 아는 사람, 우리 주위에 있는 분들이면 할머니가 지나가다 넘어지면 일으켜 세우는 것이 당연하듯이 내가 잠수할 줄 아는, 그냥 기술이 있으니까 다른 사람은 그런 기술이 없고, 그냥 그 차이인 거 같아요. 그래서 내가 기술이 있으니까 '그 기술로 내가 누구를 구할 수 있다면 구해줘야겠다'라는 그냥 그 생각.

면담자　　　그런데 잠수사 단체랄까요. 군 출신 단체들이 상대적으로 정치적으로 보수 성향이 강하지 않습니까?

김상우　　　저는 여당, 야당 그런 거를 잘 모르겠는데, 그런 거는 생각해 본 적 없고 모르겠습니다, 잘.

면담자　　　알겠습니다.

4
일상생활 이야기

면담자　　　그럼 평상시 생활 얘기를 좀 여쭐게요. (김상우 : 아, 네) 일반 회사원이면 매일 출근하고 주말엔 쉴 텐데요. 잠수사들은 집중적으로 잠수 작업에 참가했다가 또 시간을 두고 쉬고 그러시나요?

김상우　　　아, 네. 잠수사들 보통 잠수사들, 우리 산업잠수 하는 사람들을 얘기를 하면요, 일단 집은 출퇴근하는 사람들은 거의 없죠. 물론 다 각지에 삽니다만, 서울, 대전, 인천, 부산 이렇게 분포돼서 많이 사는데, 현장은 내가 서울 산다고 서울에 있는 현장만 가는게 아닙니다. 서울에 현장도 없고 한강밖에 없죠. 저도 99년도인가 그때 청담대교 그 지을 때 그때 일했던 기억이 나는데 그게 마지막 한강에서의 일인데 그렇게 한강엔 일이 별로 없죠. 근데 보통 바닷가 쪽이 일이 많습니다. 그러니깐 가족들하고 거의 다 떨어져 있죠. 떨어져 있고 일이 끝났을 때 잠깐 텀이 있고 다음 현장 갈 때, 뭐 일도 두 달 일하고 그다음 현장 가는데 일주일 쉰다거나 보름 쉰다거나 고럴 때 잠깐 집에 가서 좀 있다가 또 현장 가고, 아니면 뭐 "태풍 칠 때는 잠수 일을 못 한다" 그러면 이제 그럴 때 잠깐 집에 가고 뭐 그럴…, 그리고 또 겨울에 별로 일이 없으니까 그럴 때 말고는 봄, 여름 특히 일 많을 때는 거의 집에 없다고 봐야죠. 그냥 떨어져 있는 생활을 많이 하죠. 그러면서 그냥 외부에서 여관 같은 데서나 우리 숙소 같은 데 얻어논 데서 저희 잠수사들끼리 먹고 자고 그냥 그렇게 하고 있지요.

면담자　　댁에서는 어떤 일상을 보내시는 편인가요?

김상우　　아, 네, 제 일상이요? (면담자 : 네) 저 오랜만에 올라오면 남들하고 똑같습니다. 친구들 만나서 또 소주 한잔하고 또 부모님들 찾아뵙고 가족들 보고, 전 결혼 안 했으니까 여자 친구 만나고 그냥 그 짧은 시간 안에 최대한 만나고 싶은 사람 만나고 문화, 문화 시간 즐길 건 즐기고. 그러고 또 와서 또 일을 해야 되니까 또 가면 또 심심해하고 일만 해야 되는 그런 상황이 또 오거든요, 현장에 가면. 망망대해 바다만 보이니까 저희는 재미없는 곳이죠. 그러니까 또 쉴 때는 최대한 뭐 재미있게 즐겁게 지낼려고 노력을 하고 그렇기도 하고, 아마 저뿐 아니라 모두 그럴 겁니다, 잠수사들이.

면담자　　제일 좋아하시는 취미는 무엇인지요?

김상우   저요? 뭐 저 그냥 술 좋아합니다, 술. 네.

면담자   술을 많이 좋아하시나 봐요.

김상우   네, 네. 술 좋아합니다.

면담자   영화라든지 이런 것은 즐겨 보십니까?

김상우   영화는 뭐 사는 게 영화기 때문에 (웃으며) 영화는 그
냥 가만히 앉아서 보면 졸리더라구요. 영화는 완전 재미있는 영화
아닌 이상은 별 극장 가지 않는…, 주로 그냥 저녁에 제가 좋아하는
사람들 만나서 술 먹는 게 취미인 거 같아요.

<u>5</u>
진도에 내려가게 된 계기 및 현장 상황

면담자   이제 진도로 가시게 된 과정에 대해 이야기를 해보려
고 합니다. 일단 사고 발생을 TV나 인터넷을 통해 아셨을 텐데요.
그때의 느낌이랄까 소회가 궁금합니다.

김상우   며칟날이요?

면담자   4월 16일, 참사 당일 날이요.

김상우   아아, 사실은 16일 날 그 뉴스 보고 처음에 "전원 구
조"라는 걸 보고 '아, 다행이다', '아, 인제 조치를 잘했구나', 배가 제
가 TV 봐도 각도가 많이 넘어갔거든요. '아, 그러면 당연히 저기 갑

판으로 나가라는 게, 하는 게 당연한 거니까 갑판으로 다 내보냈구나, 선원들 어 승객들을…. 그래서 다 살았나 보다', 그런데 바로 또 1시간이나 지났나? 얼마 지나서 그게 아니더라구요. 그래서 '어, 큰일 났다. 저건 아닌데' 근데 나중에 알고 보니까 나온 사람 별로 몇 명 없고 대부분이 다 안에서 처참하게 죽었는데, 저건 지금도 정말로 이해할 수 없는 게, 배라는 거는 오뚜기같이 이렇게 넘어지면 일어나는 복원력이 있습니다. 근데 어느 각도가 넘어가면 이 배는 못일어나요. 그러면 뭐냐? 침몰하는 과정이라는 거예요. 그냥 단순히 넘어가는 게 아니라 침몰하는 과정이에요. 근데 배 크기에 따라서 이게 30분 안에 넘어갈지 1시간 뒤에 넘어갈지 그건 모르는 거예요. 그때그때 환경에 따라 다릅니다. 그래도 어느 순간 이게 넘어가면 그때부터는 침몰이라는 거는, 우린 그런 말을 써요 "침몰하는 과정"이라고. 그거는 해경 애들도 알고, 해경 사람들도 알고 그 세월호 선원들도 분명히 알 거라고. 나도 해군 출신이라 배를 타봤기 때문에 그걸 알기 때문에 그 일반 사람들은 모르더라도 배를 타본 사람은 분명히 압니다.

그걸 근데 왜 선원들은 자기들은 나오면서 방송 한마디만 하고 나왔어도 갑판으로만 나왔어도 물에까지는 안 뛰어들어도 안에 승객들이 선미, 선수든 선미든 갑판에만 나와 있었어도 그 애들은 산다고. 그리고 선원이 그걸 못 했을 때 해경이 첨에 갔을 때 그때도 제가 볼 때는 최소한 30분의 시간은 있었다구. 많이 넘어가면은 나오기 어렵지만 어느 정도 넘어, 각도가 넘어갈 땐 분명히 나올 수 있단 말이죠. 그때 왜 해경은 왜 배에 들어가서 나오란 말을 안 했는지, 나 지금도 이해가 할 수가 없어요. 소방사가 불이 나서 불 끄러 가면은 바깥에서 불을 끄는 게 아닙니다. 안에 누가 있는지 그 사람들을 확인하고 사람들을 델꼬 나오는 게 그 구조자의 역할이거든요. 밖에 있는 사람 배 태우는 건 그건 구조자가 아니라고 생각하거든요, 안에 있는 사람을 바깥으로 나오게 하는 게 구조지. 지금도 그게, 그거를 아무리 생각해도 이해가 안 가고, 지금 처벌하는 것도 선장, 그 세월호 선장하고 123함[해경P123정] 정장 한 명한테 죄를 묻고 있는데, 전 그렇게 되면 안 될 거라고 생각을 해요. 세월호 선장뿐 아니라 선원들 다 죽는 거를 지켜보고 있었단 말이죠, 그 죽음을.

해경도 마찬가집니다. 해경 그 지휘관들 보면 청장부터 경비국장 몇 명 사람들 보면 배 타본 사람이 없더라구요. 어떻게 그런 사람들이 지휘관을 하는지, 그 지휘관을 명한 사람도 문제고 그 지휘관도 문제고, 그리고 그나마 그때 청문회 때 보니까 목포서장이 자기가 자기가 배를 오래 타서 베테랑[이라는] 식으로 이렇게 얘기를 이렇게 자랑스럽게 얘기를 하는데, 그렇게 자랑스럽게 아는 사람이 침몰하…, 몇 도가 이상 지나면 침몰한다는 것을 그 사람 분명히 알았을 거라구요. 그러면 123, 123함, 123정장한테 그 안에 있는 승객들 일단 바깥으로 탈출을 시키길 명령을 시키고 자기는 인제 목포에서 출발을 했었야지. "조치를 다 했다"는데 무슨 조치를 했는지를 모르겠어요. 그게 제일 중요한 조치거든요. 선내에 있는 승객들을 갑판에 내보내는 거, '자켓[재킷] 입고 물에 뛰어들라는 소리가 아니라 바깥에만 있으라'고. 근데 안에 있었잖아요. 그 조치를 안 해놓고 무슨 "조치를 했다"고, 난 그때 청문회 때도 참 이해가 안 가더라고.

면담자   그럼 16일에 사고 소식을 접하고 상황이 이상하다는 걸 인지하고 계셨겠네요. (김상우 : 그러고 있었죠) 그러다 17일 날 사고 현장에 내려가셨나요?

김상우   그래서 이걸 해경을 맡아서 할지 해군이 할지, 해군이 하면 저희 부대에 이제 제가 나왔던 제 이제 선후배들이 하겠죠. 그 합동으로 할지 그때까지 어떻게, 그거를 몰르잖아요. 저희는 바깥에 외부에 있으니까 내용을 잘 모르고서 여기저기 전화를 해봤어요. 해 봤는데 어떻게 될지 뭐 결론지은 건 없는데 '해경이 주로 민간인이기 때문에 해경이 한다' 그렇게 돼 있더라구요. 그래서 해경이 한다고? 근데 제 생각으론 '해경이 저걸 하기가 되게 어려울 텐데. 저런 장비도 없을뿐더러 경험도 없고 저게 쉽지 않은 일인데' 그런 걱정을 되게 많이 했어요. 그리고 동거차도 그쪽 맹골수로가 우리나라에서 조류가 두 번째로 센 곳이라고, 아주 조류가 강한 데거든요. 셀 때 엄청납니다. 그니까 조류가 세다는 거를 사람들은 잘 모르는데, 위에는 잔잔하고 밑에가 센 게 조류인데, 그 조류의 힘이라는 게 얼마나 세냐면 그러니까 비가 많이 오는 날 강에 물이 막 이렇게 흘러가지 않습니까? 그런 물에 다 잠수한다고 생각하시면 돼요. 막상 또 그런 날에도 했고.

그러니까 좀 잠수하면서도 되게 위험한 일이 많았거든요. 그러니까 그 현장이 아주 되게 안 좋은 현장이에요, 힘든 현장이고. 그래서 쉽진 않을 거라고 예상은 했어요. 그래서 첫날, 그래도 빨리하기를 바랐죠. 근데 첫날, 이튿날 어떠한 뭐 어려움 때문에도 그랬겠지만, 하잠줄[잠수할 때 설치하는 줄]까지 하는 데 3일이 걸렸더라구요.

그게 19일 날 아마 했던 걸로 알고 있는데, 저는 그때 현장에 없었으니까 들은 얘기로는 "19일 날 했다"고 그러더라구요, 하잠줄을 설치하는 게. 그래서 그때쯤에 제가 '아 내가 이렇게 좌시하고 앉아서 보고 있어야 되면 안 되겠다. 이거 연락을 좀 빨리해서 어떻게 좀 내 주위 사람을 보내든 내가 가든 좀 조치를 좀 해야겠다'. 이제 20일 날 전화를 했죠, 전광근한테. 전광근한테 전화를 해서 광근, 전광근 잠수사가 "이제 왔으면 좋겠다"고, "사람이 너무 없다"고, "여섯 명인가 일곱 명밖에 없다"고 "잠수사가". "아, 그래? 알았다" 그래서 장비 준비하고 뭐 해서 22일 날 내려왔어요.

22일 날 내려가고 저녁에 도착해서 현장에는 23일 날 아침에 도착했습니다. 그러니까 아침에 도착해서 제가 처음에 간 곳은 현장에 금호 바지예요. 언딘 바지가 오기 전에 금호 바지, 그 금호 바지를 가보니까 뭐 잠수 현장도 물론 열악하고 잠수사가 다치면 챔버[체임버, chamber: 잠수 시 몸속으로 들어간 질소를 몸 밖으로 빼내는 장치]라는 곳에서 치료를 받아야 되거든요. 근데 기본적으로 잠수하게 되면 그 챔버는 기본적으로 있어야 되는 곳이에요. 근데 그 챔버도 없더라구요, 그 바지는. "이런 데서 어떻게 잠수를 했느냐? 그리고 잠은 어떻게 잤니?" 그랬더니 물론 잠잘 시간도 없었겠지만 그냥 야외에서 슈트 입…, 그냥 슈트 입은 채로 슈트, "사복으로 갈아입는 것도 이제 귀찮다"고 그냥 슈트 입은 채로 거기서 먹고 자고 했드라구요. 그 야외에서 며칠 동안 지붕이 없는 곳에서 잤더라구요. 근데 그때까지만 해도 추웠어요, 안이. 난로도 없고 솜 담요 같은 것도 없더라구요. 그리고 컨테이너 박스에 식당에서 또 쪼그러서 앉아서 엎드려 자고, 그 현장 사람들만 50명이 넘는데 의자는 한 5, 6개밖에 없는 그 식당이거든요. '야, 진짜 참 열악하다, 너무하다'.

면담자   23일에 침몰 현장에 도착해 보니 금호 바지가 하나 있었다는 거네요. 금호 바지 크기는 얼마나 됩니까?

김상우   글쎄요. 〈비공개〉 그렇게 크지는 않은 바지였던 걸로 기억이 나고 언딘 바지가 좀 컸죠?

면담자   그럼 뒤에 들어온 언딘 바지의 크기는 대략 얼마만 했나요?

김상우   네. 그때 언딘 바지가 한 50? 70? 정도 사이즈가.

면담자   50에서 70미터 정도?

김상우   그 정도 됐을 거 같은데.

면담자   현장에서 팽목으로 나오는 데도 1시간 이상 걸리죠?

김상우   그렇죠. 1시간 넘게, 1시간 반 정도 걸린 거 같던데요. P[경비]정 타고 나오는 거 보니까.

면담자   상대적으로 가까운 동거차도나 이런 곳에서 쉬지도 않으셨나 봐요?

김상우   들어가 있을 때부터 동거차도나 따른 데는 가본 적이 한 번도 없습니다, 바지 타고 뭐 피항을 간 적은 있어도. 그 바지에서 먹고 자고 했었습니다, 저희는 다.

면담자   피항은 팽목으로 가는 걸 말씀하시는 거죠?

김상우   바지 자체가 움직이는 거죠. 그 작업 바지가 파도가 몇 미터 이상이 치면 이 바지 자체가 뒤집힐 위험이 있기 때문에 앵커[anchor] 심어놓은 거 앵커를 다 뽑고 이 바지, 이 작업 바지 자체가 움직이는 거죠. 그러니까 항으로 들어가는 거예요. 그걸 피항이라고 그러거든요. 그러니까 피해 간다.

면담자   어디로요?

김상우   항. 그러니까 항구로 피해 간다는 뜻이죠. 그걸 피항이라고 그러거든요. 그러니까 현장에서 이탈하는 거죠. 그래서 파도가 덜치는 데, 덜 파도치는 곳으로 이렇게 가는 거죠. 그걸 피항이라고 하죠.

면담자   보통 어디로 갑니까?

김상우   그때는 그때 그 서망항이나 뭐 가까운 그때 갔던 거 같애요. 근데 이제 그러믄서 그 바지를 갈 때 저희는 이제 P정을 타고 저희는 이제 그때 육지로 나오죠. 그리고 바지는 바지대로 피항을 가고, 그랬던 거 같애요.

면담자   그럼 22일에 현장에 투입되고 두 달 정도 계셨던 거 같은데요.

김상우   네, 네.

면담자   그 기간 동안 피항 횟수가 기억나시나요?

김상우   한 세 번? 세 번 정도 했던 거 같애요.

면담자   그럼 팽목 쪽으로 나와서 휴식을 취하시는 거네요.

김상우   네, 네. 진도나 목포 쪽에 있었죠.

면담자   네, 알겠습니다.

6
22일 진도에 내려간 후 수색 작업 상황 전반

면담자   22일 밤부터 23일 처음 목격한 상황에 대해 더 여쭙겠
습니다. 22일 밤에 팽목에 도착하셨나요?

김상우   처음에 팽목으로 갔는데 팽목에 너무 사람들이 많다
고, 어 우리는 바로 10분 거리 내에 서망항이라고 있어요. 서망항에
서 "우리는 이렇게 이동을 한다. 거기가 비교적 사람이 많지가 않아
서 그리고 잠수사들 갔다고 하면 또 막 시끄러워질 수도 있으니 그
쪽에 있어라" 이렇게 얘기를 하더라구요, 그래서.

면담자   누구의 얘기인가요?

김상우   그 먼저 가 있던 그 선배. 그 잠수사하고 연락을 했는
데, 그래서 "해경한테 연락을 해서 그 배를 보낼 테니까 지금 저녁에
들어올 순 없고 내일 아침에 일찍 들어와라" 이렇게 얘기를 하더라
구요. 그래서 저녁에 차에 있었습니다. 그 서망항에 주차하고 서망
항에 차에서 계속 거기서 그냥 뜬눈으로 기다리다가 새벽에 들어가
게 됐죠.

면담자   서망항에서 사고 해역까지는 해경에서 제공한 배를 타고.

김상우   네, P정. 해경 배를 타고.

면담자   배를 타고 가셨겠네요. 그럼 해경은 처음부터 민간 잠수사 중심으로 수색 작업을 한다고 결정하고 움직인 거라고 봐야겠네요?

김상우   어떻게, 어떻게 다시?

면담자   그러니까 17일부터 민간 잠수사들이 들어가지 않습니까?

김상우   네, 네.

면담자   그리고 김상우 잠수사님이 23일에 도착하셨으니까 그 사이에 민간 잠수사 일부는 이미 작업 중 아니었습니까?

김상우   네, 네, 하고 있죠, 네, 네.

면담자   그 민간 잠수사들은 해경의 통제하에서 움직인 것으로 봐야겠네요.

김상우   그렇죠. 최종적으로 해경의 통제를 받고 이렇게 일을 했고 저희가.

면담자   그럼 이게 일반적인 의문인데요. 팽목항에는 여러 잠수사들이 있었는데요. 왜 그 몇몇 잠수사들이 중심이 돼서 수색 작업을 할 수밖에 없었는지 이 부분에 대한 설명이 필요해 보입니다.

김상우   그것은 잠수를 했다고 해서 다 똑같은 잠수사는 아니거든요. 그리고 잠수를 어떤 분야로 했는지도 좀 다르고. 레포츠 잠수를 했던 분들은 레포츠 쪽으로는 잘하실지 모르겠지만 이렇게 시야가 안 나오고 또 선내 진입을 해서 뭔가 구조, 수습, 또 시신 수습을 하는 거는 또 다른 일이고, 그다음에 일단 장비부터가 표면공급 잠수 장비를 쓰지 않으면 그 일을 하기 어렵습니다. 예전에 93년도에 서해 페리호 때에도 일반 스쿠버 장비를 하다가 선내 진입을 했는데 시간 내에 나오지 못해서 들어가 보니까 거기서 기절해 있었어요, 에어를 다 쓰고. 그 이유는 뭐냐? 시신을 찾으러 들어갔다가 자기도 길을 잃어버린 거예요. 근데 에어는 한정돼 있고, 공기통은 한정돼 있고. 그래서 다행히 살았어요. 살렸어요, 데리고 올라와서.

그렇듯이 표면 공급잠수를 하게 되면 이점이 뭐가 있냐면 이 줄을, 이 줄을 내가 타고 들어가서 이 줄만 타고 나오면 바깥으로 연결이 돼 있잖아요. 근데 공기통은, 일반 스쿠버 장비를 하게 되면 길 잃어버리기가 쉬워요. 거긴 암흑입니다, 암흑. 깜깜합니다. 그러니까 더듬어서 작업을 했거든요. 그 정도로 시야가 10점, 10센티[미터]밖에 안 나옵니다. 그렇기 때문에 아주 위험해요. 그리고 또 한 가지는 이게[공기가] 한정돼 있잖아요, 공기통이라는 건. 근데 표면잠수는 계속 에어를 주입하…, 공기를 주입해 줄 수 있고, 또 한 가지는 위에 연결을, 폰 연결을 할 수 있어서 얘기를 할 수 있어요, 위에 하고. 그래서 현장 상황을 얘기를 할 수도 있고, 여러 가지 이점 때문에 표면 공급잠수를 많이 쓰고 있고.

또 한 가지는 레포츠 하는 잠수하는 사람들은 일단 시야가 안 나오면 [그런 곳에서] 잠수를 안 해봤기 때문에 시야가 안 나오는 곳에서는 잠수를 되게 어려워하고 있고요. 물론 그분들이 좋은 마음으로 온 건 알지만 아마 2차 사고 우려 때문에 해경에서 아마 이렇게, 근데 해경의 입장에서는 누가 잠수를 잘하고 누가 못하고 누가 산업잠수를 하는 사람이고 누가 경험자인지를 아마 몰랐을 것입니다. 지금도 아마 그들은 그런 데이터가 아마 없을 거예요. 원래 이런 일이 문제가, '자기들이 못 할 거면 누구누구를 불러야겠다'는 게 원래 어떤 매뉴얼이 있긴 있어야 되는 게 원래 맞는 건데, 그게 없었기 때문에…, 그렇다고 뭐 겉모양만 보고 누굴 알 수가 없기 때문에 그게 아마 제일 곤란하지 않았을까…. '아마 그때 중구난방으로 막 사람들을 투입했으면 오히려 2차 사고가 더 많이 났을 수도 있다'라는 생각이 들긴 들어요.

면담자   그럼 17일에 결합한 베테랑들하고 현장 해경들이 의사결정을 해서 심해잠수가 가능한 분께 연락하고, 잠수 인력을 편성했다고 봐야겠네요.

김상우   저희가 현장에서 잠수하다가도 외부에서 "자기들도 하고 할 수 있는데 왜 자기들 안 시켜주느냐?" 이렇게 또 몇몇 분들이 많이 왔어요. 근데 잠수 한 번 하고 집에 돌아가신 분을 제 눈으로만 본 게 50명을 넘게 봤습니다. 그럼 뭐야? 50명 동안 그 좋은 시간, 아까운 시간에 한 명이라도 빨리 수습해야 될 시간에 그분들 지금 뭐 잠수 테스트하는 것도 아니고…, 너무 아까운 시간이잖아요. 그러니까 그 이후로 사람들을 더 안 받아, 아마 안 받았을 것입니다. 그냥 이 인원으로 가되…, 왜냐면 자기들이 직접 봤으니까. 어떤 분들은 와서 조류 보더니 그냥 가신 분도 계시고 한 분은 물에 들어가서 나오자마자 그냥 가신 분도 계시고 제 눈으로만 본 게 50명이에요. 어쨌든 "못 하겠다"라고 간 분들이. 어쨌든 그분들을 뭐라고 그러는 게 아니라 그 아까운 시간 때에 한 명이라도 더 수습을 빨리해야 되는 시… 간인데 어떻게 보면 뭐 허비하는 시간이 될 수도 있지 않습니까. 그래서 그 시간이 되게 좀 아까운 시간이 좀 있었어요. 그래서 아마 더더욱 '그런 이 일을 할 수 있는 사람이 쉽지는 않구나'라는 걸 아마 느꼈을 겁니다, 아마 해경 자체에서도.

면담자　　심해잠수를 전문적으로 하실 수 있는 분들이 한국에 100여 분 정도 된다 하셨잖아요?

김상우　　아마도 그니까 산업잠수를 하시는 분들은 많이 있지만, 이 특성상 세월호 특성상 이 일을 할 수 있는 '심해잠수사, 베테랑 잠수사가 우리나라에 한 100명, 150명 내외'일 거라고 저는 생각합니다.

면담자　　다른 일을 하던 분들도 계시겠고요. 그 당시엔 한 2, 30명의 전문 잠수사를 투여하는 게 최선의 방식일 수도 있었겠네요.

김상우　　사람이 더 있을 수도 있겠지만 안 오더라구요. 그 인원 이상은 이렇게 저희들은 잠수를 하는 사람들끼리는 서로 알아요. 이 사람이 얼마만큼 베테랑이고 어디, 어떤 일을 많이 했었고 과거에…, 그 잠수사들끼리는 어느 정도 알거든요. 그래서 유능한 잠수사들끼리는 서로 연락을 많이 했어요, "와달라"고도 하고. 근데 그 이상은 안 오더라구요, 처음에도 많이 좀 오기를 바랐는데.

면담자 　 최종적으로 실제 잠수를 하신 민간 잠수사는 몇 분 정도일까요?

김상우 　 아니, 저가 아까 말씀드렸듯이 한 번 와서 잠수하는 사람도 있고, 뭐 이틀 하고 간 사람도 있고, 뭐 이랬기 때문에 뭐 그거를 잡을 수는 없는데, 저희 17일부터 들어와서 어쨌든 저희가 7월 10일 날 나갔는데 7월 10일 나갈 때까지 그 언딘 바지하고 88[수중개발] 바지 두 개가 있었는데, 88 바지에서 잠수하신 분들은 함미 쪽에서 일을 하셨고 그분들은 한 30명 정도 됐을 겁니다. 그쪽도 한 20명, 30명, 그리고 저희 언딘 바지 쪽 이제 초기부터 있었던 분들 그분들만 얘기하자면 최종적으로 7월 10일 나온 게 25명이었어요.

면담자 　 그러면은 88바지 포함해서 총 50명이 쯤 넘는 인원이 실제 구조에 참여했군요.

김상우 　 그렇죠. 그렇게 해서 잠수를 하고, 그다음에 해군에, 해경들도 있었겠죠, 그렇게.

면담자 　 알겠습니다. 금호 바지에서 뒤에 언딘 바지로 교체가 된 거죠?

김상우 　 네, 그날 23일 오후에요.

면담자 　 언딘 바지에서 작업을 하셨던 분들은 실질적으로는 다 민간 잠수사들인데요. (김상우 : 네) 해경과 계약관계 같은 거를 맺지는 않으셨는지요.

김상우 　 아니요. 저희는 순수히 자원봉사로 간 거기 때문에 계약은 그때 맺은 게 아니고, 계약을 언제 했냐면요. 5월 6일 날 이광욱 잠수사가 사망을 했거든요. 민간 잠수사 이광욱 씨가 사망을 했는데 그 이후에 5월 10일인가, 하여튼 고 때쯤에 종사명령서를 만들더라구요. 그러면서 '국가동원령 김상우' 이렇게 해서 그래서 그걸 받았죠. 원래는 그 동원령을 먼저 받고 내가 오는 게 순선데 그걸 나중에 받은 거죠, 5월 6일인가. 뭐 하여튼 그때 이후에 그렇게 됐습니다.

면담자   그럼 제가 조금 인터뷰 내용을 정리하겠습니다. 해경이 심해잠수 가능한 분들의 명단을 확보하고, 동원령에 따라 계약을 맺고 정식적으로 투여되는 게 정상적인 상황인데요. 한국에서 올 수 있는 인원은 100에서 150명 정도였다. (김상우 : 네) 그런데 실제로 해경에서 그렇게 진행하지는 않았고, (김상우 : 그렇죠) 모두 자원봉사 차원에서 17일부터 현장에 투입되셨고, 7월 10일경까지 작업을 하셨네요. 그러던 중에 5월에 동원령 서류를 작성하신 거네요. (김상우 : 네) 이렇게 저희가 이해하겠습니다.

김상우   네, 맞습니다.

면담자   고맙습니다. 그러면 그 상황은 이 정도로 마무리하겠습니다.

7
언딘 투여 과정 및 해경과의 계약 관련 등

면담자   그다음에 언딘이 투여되는 과정에 대해 좀 알고 계십니까?

김상우   언딘이 먼저 투여됐고 저는 그다음에 왔기 때문에 뭐 그 내용을 자세하게는 모르겠습니다, 알고 싶지도 않고. 근데 제 생각에는 해경에서, 해경 입장에서는 아마 자기들이 그 선내 진입을 하고 자기들이 잠수할 수 있는 능력이 되면 뭐 언딘도 필요 없었겠죠? 근데 자기들이 못 하니까 민간 잠수사들을 인제 같이 들어[가고] 일을 하게 되지 않습니까? 민간 잠수사들이 필요했고. 근데 '민간 잠수사 누가 필요한지 누가 누굴 불러야 될지 몰랐을 것'이라고 생각이 들어요. 그래서 우리나라의 국제기구에 샐비지[salvage] 구조의 정식적인 자격증 갖고 있는 회사가 제가 알기로 우리나라에 언딘밖에 없어요, 그 당시에. 그러니 아마 해경이 언딘에 연락하는 건 무리한 게 아니죠. 당연한 순서일 수 있죠. 그래서 언딘에 또 그러나 잠수사가 또 없습니다. 우리 민간 잠수사 중에서도 언딘에 관련된 잠수사는 단 한 명도 없었고, 언딘 바지에서 작업을 했기 때문에 우리가 언딘 잠수사라고 잘못 이제 이해를, 첨에 그렇게 오해를 했죠. 그런데 나중에 그거는 시간이 많이 지난 다음에 풀렸지만, 첨에는 언딘 잠수사라고 그래 갖고 되게 오해를 많이 받았어요, 이상한 말도 많이 듣고. 우리는 언딘이랑 계약된 것도 없고 그 당시 해경이랑 계약된 것도 없고 순수하게 그냥 봉사하러 간 사람인데 그렇게 오해를 많이 받았죠.

면담자   언딘에서도 다른 산업 시설 잠수처럼 계약을 맺어서 베테랑 잠수사들을 모집해야 하는데요, 그런 게 일반적이지 않은가 여쭙고 싶은 겁니다.

김상우   아 네, 그렇죠. 근데 그 현장에서는 그게 아니었구요. 언딘은 장비만 렌탈하는 수준이에요. 다 장비를 빌려주는 수준이에요. 아까 말씀드렸듯이 챔버가 있는 바지라든가, 잠수 전용 바지를 빌려준 거예요. 잠수 전용 바지라는 거는 잠수를 할 수 있게끔 여러 가지 시설이 많이 필요하거든요. 그 잠수 전용 바지를 언딘이 빌려준 거고 우리 민간 잠수사들은 그 전용 바지에서 잠수를 한 거고, 지시는 해경이 한 거고. 그렇게 아마 알면 이해하시기 빠를 거예요.

면담자   저는 언딘과 해경이 왜 그렇게 했는지 이해가 안 가서요. 언딘에서 잠수사를 모아 해당 작업을 하는 게 정상인데 왜 정상적인 고용이 이뤄지지 않은 걸까요? 어떤 개연성이 있을까요?

김상우   글쎄요. 뭐 언딘에서 잠수사를 뭐 모집을 할 수도 있었겠죠. 근데 그러기엔 너무 좀 긴박하게 다들 개개인이 온 거기 때문에 아마 그게 아마 좀 쉽지는 않았을 거예요. 그리고 우리가 뭐 계약을 하고 들어간 그런 상황이 아니니까, 누구 한 명도 계약을 해서 들어간 사람이 없으니까. (면담자 : 네, 네) 모르는 사람은 없잖아요. 그냥 자기가 잠수를 할 줄 알고 또 내 동료나 아는 사람들이 와달라고 또 얘기를 했고 그래서 간 거지 뭐. 또 계약을 해서 일을 하러 갔다 이런 개념은 아니니까, 그 상황이.

면담자   그렇다면 해경에서 동원령을 내려서 잠수사와 계약을 맺고 제대로 작업했으면 더 효율적이지 않았을까요?

김상우   그게 순서죠, 그게 맞죠.

면담자   만약에 해경에 그 능력이 없다면 언딘 같은 회사를 통해서 잠수사를 부르고 계약했어야 하고요. 그게 더 정상적인 방법이라 생각되는데…. 물론 그 당시 너무 갑작스러워서 쉽지는 않았겠지만요. 17일부터 잠수사들이 작업에 투입됐는데요. 이미 그 내부에서 어떤 분들이 작업 가능한지 확인하고 잠수를 하신 거 같아요. 사후적으로라도 언딘이나 해경하고 빠른 시점 안에 계약 과정이 이뤄졌으면 여러 문제들을 미리 방지할 수 있지 않았을까…. (김상우 : 글쎄요) 4월 17, 18일은 불가능하다 해도요.

김상우   뭐 저희 잠수사는 어디 소속도 아니기 때문에, 저희 잠수하면서도 "너무 무리합니다, 너무 무리합니다" 그래도 그래도 물에 들어갔어요. 그때 해수부장관이나 경찰청장이 들어가 달라고…, 들어가면 안 되는 상황인데도 들어갔습니다. "부상 입으면 책임지겠냐?"고 [하니까] "책임지겠다"고까지 얘기를 했어요, 해경이나 해수부장관이 나중에는 책임지지 않았지만 지금까지도. 뭐 자꾸 언딘 말씀하시는데 언딘은 우리 같은 잠수사들 고용 이렇게 할 수 있는 능력이 내가 볼 때는 솔직히 없어요. 뭐 잠수사들을 한두 명, 여러 명 어디서 많이는 할 수 있겠지만 저희 세월호에서 일했던 잠수사들 그 사람들을 그 언딘에서는 갑자기 모집할 수는 없다는 거죠. 시간이 오래 걸릴 일이지. 그렇게 갑작스럽게 그렇게 작업할 수 있는 베테랑 잠수사들을 구한다는 거는 사실 그거는 해경도 못 하는 거고, 누구 하나 어떤 업체에서 할 수 있는 일은 아니라고 보고. 그 거는 정말로 우리들이 그렇게 자발적으로 왔으니까 그렇게 모여진 거지, 그 어떻게 할 수 있는 건 없죠. 언딘에서도 일을 할 수 있는 사 람이 누가 있을 것인지 그렇게 머릿속으로만 알고 있지 그렇게 부르 긴 쉽지 않았을 것입니다.

면담자   네, 잠수사들이 자원봉사로 들어왔지 해경이든 언딘 이든 공식적인 계약에 의해 활동하신 게 아니라는 점, 이것이 이후 에 잠수사님들의 여러 어려운 상황을 만들어낸 출발로 볼 수 있지 않을까 해서 여쭌 겁니다.

김상우   지금 생각해 보면 그럴 수도 있겠지요.

면담자   네, 일단 이 부분을 확인하고 이야기 이어가겠습니다.

8
바지 위 수색 작업에 대한 전반적인 이야기

면담자   바지에서 수색 작업을 총괄하신 분들은 주로 어떤 분 들이었나요?

김상우   일단 저희 해경의 지시를 받았구요. 해경이 솔직히 잠 수사들이 개성도 강하고 또 주장도 강하고 성격이 있어서 통솔하기 가 어려워요. 그래서 저희 잠수사들 중에서 제일 선배 잠수사가 있었습니다. 그분이 공우영 잠수사라고 그분이 이제 천안함 때도 거기서 이제 감독관 역할을 하셨고, 근데 이번에 여기 와서는 그 감독관 역할을 못 했죠. 왜냐면 해경이 지시를 해갖고 지시하에 우리한테 전달하는 중간 역할을 했어요, 공우영 잠수사라는 선배분이 중간에서. 왜냐면 해경은 격실 내에 들어가지 않기 때문에, 세월호에 들어가지 않기 때문에 기술적인 부분이나 배 속이 어떻다 저떻다 우리에게 말해줄 수가 없는 상황이잖아요. 그러니까는 누구보다 많이 아는, 경험이 있는 선배가 저희한테 기술적인 부분을 설명을 해주는 거죠. 도면을 보고 이 배가 이렇게 이렇게 생겼으니 이쪽으로 들어가서 이렇게 이렇게 해서 뭐가 있으니 이렇게, 이런 얘기들 기술적인 부분, 저희 잠수사들끼리 얘기 많이 하지만 그래도 어떤 리더로서 통솔해 줄 선배는 한 분 계셨죠. 공우영 선배님이라고 그분이 있었기 때문에 또 저희가 잠수를 한 거고, 그분이 아니라 다른 분이었으면 저희가 아마 믿지 못하고 잠수를 안 했을 수도 있어요. 그분은 지금 우리나라에서 현재, 현장에 산업잠수 하시는 분들 중에서 가장 베테랑이시고 누구, 어떤 잠수하는 사람 누구나 다 알고, 아는 분들[의] 아는 분이고 믿을 수 있는 분이기 때문에 저희 잠수를 또 그렇게 했던 것이고.

면담자   그럼 공우영 잠수사님도 이때는 감독관이라는 공식적 타이틀을 갖지 못하셨나요?

김상우   못한 거죠.

면담자   자원봉사자의 한 사람으로서 참여하신 거군요.

김상우   네. 그분도 민간 잠수사 신분으로 갔고 해경에 그 세월호 잠수하는 거에 대한 자문 역할을 하시고, 우리 잠수사들하고 중간 역할. 어떤 뭐 그러니까 아침에 브리핑을 합니다, 해경이. "잠수를 여기 여기해서 여기 여기 수색해 주세요"라고 그렇게 요청을 하면, 지시를 내리면 공우영 잠수사는 그거를 듣고 저희들한테 "여기 여기를 하라"느니 "여기 여기를 하는데 이렇게 이렇게 이렇게 해라" 기술적인 부분을 이제 덧붙여서 얘기를 해주시는 거죠. 그렇게 이제 했던 기억이 납니다.

면담자　　잠수의 순서라든지 이런 것들도 실질적으로는 공우영 잠수사님이 지정해 주신 건가요?

김상우　　아니, 그거는 이제 순번을 정해놨어요. 1번부터 몇 번, 그러면 돌아가면서 자기 순번대로 하면 되는 겁니다.

면담자　　알겠습니다. 당시 언론에서는 항상 500, 600명의 잠수사들이 사고 해역에 있다고 했는데요. 그것의 실상에 대해 말씀해 주시죠. 예를 들어 팽목항에 잠수사 협회가 부스를 차리고 사람들이 많이 왔다 갔다 했거든요.

김상우　　아, 그거는 초기에 갔던 저기 저 다른 잠수사한테 물으면 정확히 알겠지만 제가 아는 부분만 말씀드리겠습니다. 거기 뭐 해양구조협회나 뭐 그다음에 스쿠버 그 레포츠 협회 머 여러 가지가 있긴 있었는데 사실 그런 단체나 협회는 큰 의미가 없어요. 그런 경험이 없는, 세월호 구조에 있어서 큰 경험이 없는 분들이 협회라고 있으면 그게 무슨 도움, 솔직히 큰 도움은 안 되고, 그분들이 그 현장 경험이 없는, 없으신 분들이기 때문에 레포츠하시는 분들이 500명,

600명 오셨는지는 모르겠지만 그분들은 구조하기 어렵죠. 그 자기들이 했던 그 잠수 그 스타일로 해갖고는 그거는, 그 현장에서는 제가 볼 때는 너무나 위험한 일이고…. 무시하는 게 아니고 물론 뭔가 도움이 되고자 가신 건 고맙지만 자기가 잘할 수 있을 때에 그게 정말 도움이 되고 빛이 발하는 거라고 생각하거든요. 그냥 할 줄만 안다고 가서 사람만 많이 온다고, 저번에 저희 현장에서도 사람은 되게 많은데 그런 얘기를 들었어요. 광근이하고 통화를 하는데, [제가] 현장에 갈라[고] 하기 전에, 사람은 엄청 많대요. 잠수사라는 사람들이 발 디딜 틈이 없대요, 바지에 금호 바지에. 근데 실제 잠수사는 여섯 명, 일곱 명이래요. 그러면 나머지는 다 그 여섯, 일곱 명을 위해서 불편을 주는 거밖에 안 되거든요, 오히려.

그리고 나중에는 이제 해경한테 그런 얘기를 했겠죠. "불편하니까 실질적으로 잠수 안 하는 사람들은 좀 현장에 있지 않기를 바란다"고 얘기했겠죠. 그래서 사람들이 좀 추려진 건데, 우리나라 사람으로서 저도 진짜로 좀 같은 잠수사로서 민망하거나 창피한 잠수사들이 있어요. 〈비공개〉 그리고 다른 분들도 잠수사라고 처음에 유가족들 분들이나 실종자 가족분들한테 "이런 장비를 써봐라, 저런 장비를 써봐라", 장비를 팔려고 그러는 건지 모르겠는데 현장에 있는 우리가 볼 때는 말도 안 되는 장비들을 막 얘기를 하더라구요. 근데 실종자 가족들이나 유가족분들은 지푸라기라도 잡는 심정으로 그 얘길…, 또 모르니까 잠수에 대해서 모르니까…. 근데 그거를 악용하는 사람들이 그렇게 있더라구요. 너무나 그게 창피스럽고, 같은 잠수하는 사람으로서 진짜 안 그랬으[면], 안 그래야 되는 건데 왜 그러는지 참 답답하고 창피스럽고…. 앞으로라도 좀 그런 일이 없기를 진짜로 바랍니다.

면담자   확인차 한 번만 더 여쭈면요. 현재까지 일반적인 얘기로는 많은 잠수사가 수색 작업을 하고 싶었지만 해경과 언딘에서 이걸 차단했다고 알고 있습니다. 근데 김상우 잠수사님 말씀대로면 그것은 전문 잠수사의 영역인 거고, 그 역할을 못 하는 사람들은 현장에서 나가달라고 요청도 하셨었고, 제대로 할 수 있는 사람들이 잠수를 한 것으로 봐야 한다 이런 거지요?

김상우   그러니까 진짜 할 수 있는 사람들도 같이 나갈 수도 있겠죠. 모르니까 누가 누군지 모르기 때문에 그 통제할 수 있는 그 해경도 누가 잠수를 정말로 할 수 있는 사람인지 아니면 정말 아마추어 잠수사인지 뭐 누가 누군지를 구별할 수가 없기 때문에 그러니까 정말 잠수할 수 있는데도 불구하고 나간 사람도 몇몇은 있겠죠. 하지만 대부분은 잠수를 거기서 할 수 있는 사람은 아니라는 거죠, 레포츠하는 사람들은.

면담자   더군다나 공우영 잠수사님처럼 정말 존경받고 또 그 감독관 역할을 하신 분이 거기 계신 이상은 (김상우 : 그렇죠) 정말 잠수 능력이 있고 의지가 있는 분들을 배척하거나 이럴 가능성은 좀 없다고 봐야 하지 않겠습니까?

김상우   그건 없죠. 한 명이라도 더 잠수할 수 있는 능력자가 있으면 우리는 좋죠. 그만큼 잠수사들이 덜 힘들게 되잖아요, 사람이 많아지면 많아질수록. 그렇다고 여기저기 막 들어가면 안 됩니다. 왜냐하면 호스 잠수를 하려면은 최대한 그 공간이 이렇게 거리가 있어야 돼요. 안 그러면 우리끼리 호스가 꼬인다구요. 2인 1조로 들어가는데 저희가 민간 잠수사들이 두 팀, 두 쪽으로 들어갔어요, A, B. A에 두 명이 들어가요, B에 둘이 들어가고. 계속 이렇게 들어갑니다. 그리고 해군도 두 쪽이 들어갔다고, 거기도 A, B. 그리고 여기도 둘, 둘. 그리고 또 함미 쪽에 88수중이라는 데가 와서 거기도 두 명이 했을 거란 말이죠. 그럼 거기도 벌써 한 조, 한 구멍에 두 명씩 들어가니까 4, 8, 12, 벌써 그게 그렇게 되잖아요. 그럼 이 호스가 한 번 조류에 늘어지면은, 호스가 되게 많이 늘어집니다. 그러면 옆에까지 이 호스가 같이 꼬일 수도 있고 되게 좀 [위험하고], 이렇게 너무 많으면 오히려 그게 더 불편하고 더 잠수하는 데에 안 좋은 영향을 끼칠 수가 있죠. 왜냐면 위험성 때문에.

면담자   네, 당시 언론 등에서 제대로 알려지지 않은 부분들을 말씀해 주셨습니다. 이번에는 구체적인 구조 과정을 하나씩 여쭐게요. 그러니까 22일, 23일에 처음 잠수를 하셨는데요. 어떤 분과 함께 내려가셨나요?

김상우   제가 해경 한 명을 데리고 들어갔습니다. 그러니까는 저희 잠수는 어떻게 시작이 됐느냐면 초기에는 잠수사들 둘이 들어가서 한 명이 메인 다이버 그다음이 보조 다이버를 했어요. 그럴려니까 잠수사들이 너무 힘들잖아요, 잠수사들이. 그래서 보조 다이버는 어차피 수면에서 같이 잠수를 해서 세월호까지 갑니다. 세월호에서는 혼자 들어가요. 그러면 세월호 거기 입구에서 한 명이 호스를 이렇게 주는 작업을 해줘야 돼요. 그 역할이 그거예요. 그러니까 큰 역할이 아니기 때문에 "잠수사 둘이 들어가면 의미가 없다. 시간만 더 소비하게 되니까 보조 다이버를 해경을 한 명을 데리고 가자" 그래서 해경 다이버가 격실 안에까지는 안 들어가지만 세월호 입구까지 가서, 내가 한 명 같이 들어가서 나는, 세월호에서 나한테 호스를 내려줘, 그리고 난 혼자 인제 세월호 들어가는 거죠. 가서 혼자 수색을 하는 겁니다. 그때 이 호스가 자꾸 걸립니다, 어디에. 호스가 그러면 여기 해경 잠수사, 보조 잠수사가 제 호스를 이렇게 옆으로 싹싹 넣어주고 줄 신호를 해주고 뭔 일이 있으면 땡겨주고 해주고, 그러고 제가 시신을 발견해서 그 해경한테 보내주면 그 해경은 인제 수면으로 다시 시신을 올리는 역할, 그 역할을 한 거죠. 그래서 2인 1조로 잠수를 하게 됐습니다.

면담자   그 처음에 들어가셨던 그 해경은 젊은 사람이었죠?

김상우   네, 젊었구요. 해경이라고 다 잠수하는 게 아닙니다. 그분들도 잠수 기능사 자격증도 있고 나름 뭐 특수부대 출신들이고 그래서 기본 잠수는 할 수 있지만, 뭐 선내 진입해서 수색하고 그거까지는 어렵겠지만 그래도 스쿠버 잠수에서 고 정도는 하실 수 있는 분들이라 가능했죠.

면담자   해경에 대해선 국민들의 인식도 좋지 않으니까요. 해경에서 투여된 잠수사들은 적극성이 없다 이렇게 그려지는데요. 그래서 같이 들어간 해경은 어땠나 여쭙는 겁니다.

김상우   모르겠어요. 초기에 참 안타깝게도 그게 빨리 진행이 안 된 건 안타깝고, 문제도 좀 있었던 건 사실이고, 해경 자체 내에서 어떤 준비가 너무 안 [된], 뭐 문제가 많은 건 사실입니다. 첫 단추가 잘못된 거부터 사실이고, 근데 저희랑 같이했던 잠수사들, 저는 '지휘관들이 되게 잘못됐다'고 얘기를 하고 싶어도, 같이 잠수했던 그 잠수했던 그 해경 그분들은 사실 고생 많이 했습니다. 그분들은, 그분들은 그분들 자체 내에서도. 또 그 깜깜한데 자기도 잠수하러 들어가면서 힘들단 내색 안 하고 같이 이렇게 같이 이렇게 생사고락했는데…, 고생 많이 했어요, 그분들도.

면담자　　　해경 지휘부에는 문제가 있었지만 언딘 바지가 오고 하면서는 더 안정적으로 잠수를 하셨던 거지요?

김상우　　　네.

면담자　　　근데 그 상황에서 해경 지휘 계통이나 여러 포괄적인 문제점 얘기들이 많았어요. 해경 지휘부를 실제 바지선에서 봤을 때 어떠셨는지, 지원은 어땠는지 궁금하네요.

김상우　　　그거는 뭐 처음부터 뭐 느껴진 거죠. 배가 침몰하게 되면은 구조가 우선이잖아요. 근데 뉴스에 보면은 설악호가 출발을 했어. 설악호는 배를 건지는 크레인이거든요. 그게 왜 출발을 하냐고, 구조를 먼저 갈 생각을 해야지. 그러면 구조할 수 있게끔, 잠수를 할 수 있게끔 바지가 와야 되고 그 수색을 할 수 있게끔 도면을 줘야 되고 그게 며칠 뒤에 온 걸로 기억, 들었거든요. 그런 거부터 준비가 안 돼 있고 도면도 틀린 도면을 갖고 왔고 그러니까 참 진짜 문제는 많았죠, 처음에는. 저희도 처음에 왔을 때도 뭐 지원이라

54

잠수사 김상우

고…, 저희 잠수하게 되면 저희 다치면 어떻게 할 겁니까? 의사가 없는데. 그 의사가 언제 왔느냐면 이광욱 씨가 죽은 다음에 왔어요, 사망 이후에. 우리나라는 꼭 누가 죽어야 이렇게 정신을 차리냐구요. 제일 중요한 건 의사가 있어야지, 닥터가, 그 무슨 일 생기면은 [응급 치료] 할 수 있게끔. 그것도 잠수 전문 의사가 와야죠. 나중에 구색 맞출라고 의사를 갖다 놓고, 갖다 놓고 모시고 왔다고 하는데, 그분들도 잠수 전문 의사는 아니고 그냥 의사. 어디 대학 병원에서 이렇게 돌아가면서 이렇게 왔더라구요.

면담자　　　그러니까 4월 23일 이후에는 언딘 바지가 들어오면서 챔버가 구비됐고 (김상우 : 그건 됐고) 그리고 한참 뒤에 이제 의사 한 분이 응급 대응을 위해서 와 있는 그런 상황이 됐다는 말이죠?

김상우　　　의사가 없었다니까요. 이광욱 씨 이후에, 사망 이후에 왔다는 거지요. 5월 6일 이후죠 그게. (면담자 : 네, 네) 언딘 바지 온 거는 4월 23일인데.

면담자　　　그럼 해경이 바지선에서 한 역할이 뭡니까?

김상우　　　해수부나 뭐 범대본[세월호범정부사고대책본부]에서 얘기 들은 거, "어디 수색해 달라" 그러면 그거 저희한테 전달해 주고 저희 수색한 거 "어디 뭐 누구 찾았다, 뭐 했다" 그러면 그거 위에 그거 [보고하고] 그런 거 한 거죠 뭐. 어쨌든 잠수는 저희가 주로 한 거는 사실이고, 해경은 위에 보고한 거겠죠.

면담자　　　해경에서 잠수사를 제외하고는 언딘 바지에 얼마나 올라와 있었나요?

김상우 　　　와, 되게 많았어요. 엄청 많았어요.

면담자 　　　잠수하지 않은 해경 직원이요?

김상우 　　　[잠수하지] 않은 사람도 많았어요. 글쎄, 한 거기 또 3교
대니까 막, 또 막 교대 시간 되면 더 많고 하여튼 엄청 많았어요. 해
경 또 그 바지에 해군도 있었고 우리 민간 다 잠수사도 있었고, 해경
도 있었고 그러니까 사람들이 엄청 많죠. 한 분류마다 한 50명씩이
라고 보면 되겠죠. 해군 50명, 민간인도 뭐 이것저것 관계자하면
4, 50명, 3, 40, 3,40명 됐을 것이고, 해경도 한 50명 이상 됐을 것이
고. 아, 해군은 한 30, 한 30명, 40명 됐을 듯.

9
이광욱 잠수사의 사망과 공우영 잠수사의 책임 문제

면담자 　　　가슴 아픈 일이지만 이광욱 잠수사 사망에 대해 떠올
려 보려고 합니다. 사망 원인과 과정에 대해 어떻게 보시나요?

김상우 　　　사실 잠수사들, 저가 제 눈으로 한 번 잠수하고 돌아
가신 분들 50명 봤다고 그랬잖습니까? 그 이후에 잠수사들 공우영
선배가 해경한테 "필요 없다" 그랬어요. 왜냐하면 좋은 시간대에 우
리가 빨리 찾아야 되는데 저렇게 잠수 테스트하는 것도 아니고 그렇
다고 무슨 실적을 내는 것, 하는 것도 아니고 저렇게 돌아가, 한 번

하고 돌아가고 자기 세월호에서 잠수했다고 또 그 말 할라고 왔는지 어떤지 모르겠어요, 솔직히. 너무 속상하드라구요. "이런 분들 인제 오지 말라"고, "힘들어도 우리가 그냥 25, 25명이서 하고 나가겠다" 그랬더니 "VIP가 온다" 그러더라구요. 그래서 몇 명으로 뭐 증원을, 잠수사를 늘려야 된대요. 그래서 갑자기 해경 배를 타고 몇 분이 막 오시는 거예요. 그래서 우영, 공우영 선배는 권한이 없지요. 해경이 '집어넣어' 하면 집어넣어야 하는 것이고, '잠수시켜' 하면 잠수시키면 되는 거고.

그 잠수를 시켰는데 그래도 처음 잠수라 격실 내에 진입을 안 시켰구요, 그냥 하잠줄을 바꿔 매는 작업을 시켰어요. 근데 연세도 좀 있으셨고 좀 제 기억으로는 잠수하기 전날부터 잠도 못 주무시고 계속 이렇게 그 바지를 서성거리시고 막 좀 긴장이 되셨겠죠, 아무래도. 그다음 날 아침에 첫 다이빙할 때에 사고가 났는데, 하잠줄을 바꾸는 작업인데 본인이 들어가서 몇 분 안 돼서 폰이 끊겼어요. 그러니까 다들 생각하는 건데 그분이 "너, 저 분 알어? 저 분 알어?" 하니까 다 모르더라구요, "모르겠다, 모르겠다. 희한하다, 모르겠다". 알고 보니까는 바다에서 작업을 하신 분이 아니라 고향이 양평 분이시라는데 강에서 잠수를 좀 하셨더라구요. 그러니까 우리는 당연히 모르죠, 바다에서는. 근데 이 풀페이스 마스크 장비를 많이 안 써보신 분이더라구요. 이걸 어떻게 하는지를 잘 모르시고 장비에 대해서. 그래서 뭐 돌아가신 분이라 안타깝긴 한데, 그분 잠수하다 돌아가신 거에 대해서 사실 뭐 장비가 문제가 있거나 다른 문제가 있는 건 아니었거든요. 그분이 들어간 쪽에서 나오면 되는데 다른 쪽으로 나오면서 호스가 막 꼬였어요. 하드라인하고 자기 그 호스하고 그렇게 돼서 이제 사망을 하게 되셨지요.

면담자   결국은 그 이광욱 잠수사의 사망 책임과 관련해서 여러 논란들이 있었지 않았습니까?

김상우   네. 그래서 공우영 잠수사가 지금 재판을 받고 있어요, 그 일 때문에. 그러니까 해경에서는 그거예요. '민간 잠수사니까 민간 잠수사 제일 선배가 책임져' 이거 이게 돼버린 거예요. 업무상 과실치사라 아니, 봉사하러 간 사람이 업무가 어디 있습니까? 아, 그게 이해가 안 갑니다, 업무상 과실치사라는 게. 아, 본인, 해경들이 다 델꼬 와가지고 해경들이 "넣으라"고 지시했고, 뭐 "혈압 체크했냐? 뭐 안 했냐? 뭐 안 했냐?" 그런 걸로 막 물어보는데, 아니 혈압 체크할 무슨 기계가 있었나, 그 당시에 뭐 의사가 있었나, 그렇게 따지면 우리 다 잠수 못 해요, 그렇게 따지면. 안전 그 수칙 따졌으면 그건 말도 안 되는 소리고, 자기 의지가, 자기가 병원이고 자기가 의사인 거지. 자기가 진단해서 못 들어가면 못 들어가는 거고 들어갈 수 있으면 들어가는 거지요. 그리고 공우영 선배가 억울하게 지금 재판을 받고 있는데, 난 그것도 참 진짜 안타까워요, 매달 법원 다니면서 나이 든 사람이. 상은 못 줄망정 이 나라에서 진짜 이렇게까지 해야 되느냐. 1심에서 뭐 무죄는 받았는데 2심은 또 남았고 3심도 또 갈지도 모르겠고. 말도 안 되는 거 갖고 진짜 이렇게 하는 것에 대해서, '진짜 분명히 이건 바로 잡고, 잘, 똑바로 가야지 안 그러면 정말로 이거 진짜 이상한 상황이 되는 거'라고 생각하고. 써먹고 버리는 것도 둘째 치고 이젠 죄까지 물어버리니, 이 나라가 진짜로, 정말로 실망스럽습니다.

면담자   공우영 잠수사 재판의 고발 주체가 누구입니까?

김상우   해경입니다.

면담자   김상우 잠수사님 구술증언을 종합해 보면요. 결국은 심해잠수 능력이 검증되지 않은 잠수사를 (김상우 : 검증이 안 되신 분을) 대통령이 바지에 방문한다고 해서 바지 위로 올렸고, 또 본인 스스로 잠수 경험이 충분치 않아서 생긴 사고라는 것이죠? 그러면 공우영 잠수사는 책임으로부터 하등 관계가 없는 거네요.

김상우   그렇죠. 자기가 뭐 그 잠수사를 집어[넣고], 잠수를 시키고 안 시키고의 권한이 없잖아요. 해경에서 "이 사람, 이 분 잠수시켜" 해서 잠수시킨 건데, 감독관이 원래는, 이게는 말을 잘해야 되는 게, 그랬을 때 감독관이라고 그러면은 전적으로, 다른 데는 감독관이 책임을 지는 게 맞아요. 공우영 선배가 천안함 때에는 자기가 팀을 이끌고 계약을 해서 들어갔잖아요. 내 잠수사들 데리고 어떻게 계약을 해서 내가 총감독을 해서 총감독관으로 해서 들어간 거예요. 그러면 거기서 잠수사가 사망을 했으면 공우영 잠수사에게 책임 묻는 게 맞습니다. 근데 이번에는 팀을 짜서 들어간 게 아니라 다 개인, 개인, 개인이 온 거 잖아요. 공우영 잠수사도 개인으로 오고 누구도 개인으로 오고 개인으로.

그중에서 그냥 제일 선배라는 이유고, 그리고 돌아가신 이광욱 잠수사는 더더욱 해경을 통해서 들어오신 분이고, 그리고 자기가 잠수를 하라 말라 하는 권한도 없고, 뭐 권한이 있어야 감독관이죠. 말만 감독관? 왜냐면 과거에 감독관이라 했기 때문에 그냥 감독관인 거지 거기선, 국가 재난에서 어떠한 자원봉사하러 간 사람이 그 최고의 그 권한을 준 것도 말이 안 되지만, 그럴 그 권한을 준다는 거 자체가 이 나라, 그 나라가 웃긴 나라가 아닙니까, 오히려? 그렇지 않습니까? 해경도 있고 해군도 있고 어떤 지휘부가 있을 텐데, 자원봉사하러 간 사람이 그 권한이 있다는 자체도, 그 권한을 주지도 않았지만, 그래서 그 민간 잠수사라고 "민간 잠수사가 책임져" 그렇게, 글루…. 이상해, 이상하게 처음에는 참고인 조사하러 갔다가 갑자기 별안간에 피의자 신분이 되는 거예요. 그러니까 계획적으로 다 한 거 같애요, 지금 생각해 보면 해경도.

면담자   결국은 이광욱 잠수사 사망 관련해서 공우영 잠수사는 자원봉사자로서 아무 권한도 없었고….

김상우   그러니까 우리 잠수사, 민간 잠수사의 리더 격이지 감독관이라는 말은 어울리지 않는 말이에요, 권한이 없기 때문에.

면담자   선배가 리드했을 뿐이지 관리 책임자는 아니었다는 말이지요.

김상우   그렇지요.

면담자   5월이 다 되도록 관리체계, 명령하달체계, 안전조치들이 중요했지만 잘 이뤄지지 않았음을 다시 확인하게 됩니다. 그럼 김상우 잠수사님이 보시기에 어떤 체계로 움직였어야 했다고 보셔요? 이런 의견을 좀 들려주시죠.

김상우　　　사실 민간 어선, 여객이 침몰하게 되면 해경이 맡아서 하는 거는 형식적으로는 맞지요. 근데 해경이 잠수해서 구조 내지 뭐 수색을 못 하는 상황이잖아요. 그러면 제 생각에는 포기했어야 돼요. 포기하고 그걸 할 수 있는 전문 단체, 근데 우리나라는 개인적인 단체가 없습니다, 협회도 없고. 물론 협회는 있지만 그걸 할 수 있는 능력이, 어떤 준비가 안 돼 있죠. 그렇다면 군에 맡겼어야 된다고도 봐요. 한편으로는 군은 그런 경험도 많고 저도 현역 시절에 했었고, 그러나 아마 해경은 자기네가 첫 단추를 잘못 끼워서 욕을 많이 먹었기 때문에 끝까지 자기네가 아마 책임지겠다는 어떤 그런 것을 보여주려고 그랬는지 모르겠지만, 하겠다고 자기들이 주도권을 잡은 거죠, '자기가 주도해서 하겠다'. 그러고 그 지시하에 저희도 그래서 그분들 해경들의 지시를 받고 또 일을 했고, 작업을 했고…. 근데 어떻게 보면 '그게 더 시간을 좀 지체하게 되는 이유가 됐을 수도 있다'는 생각을 해요, 해봤어요.

면담자　　　조금 정리하자면 해군 중심의 구조체계를 구축하고, 거기에서 심해잠수가 가능한 민간 잠수사도 함께 동원하고, 이분들까지 합친 체계가 안정적으로 구축된다면 더 낫지 않았을까?

김상우　　　그니까 지휘권을 군이 갖고 있었으면 좀 더 나았지 않을까, 빨라지지. 체계적으로 중구난방식으로 막 하지 않았…. 해경 같이 하지는 않았나[않았을까]. 초기에 [그렇게] 하지 않았을 거라는 생각은 들어요.

10
세월호 구조 경험

면담자   네, 알겠습니다. 이제 구조 경험 이야기로 넘어가겠습니다. 아이들을 10명 정도 뭍으로 올려주신 걸로 알고 있어요.

김상우   아, 네. 제가 23일 날 도착해서 오전에 금호 바지에서 잠수하는 다른 잠수사들 잠수하는 걸 도와주고 잠수하는 걸 보고 그러고 오후가 돼서 그 금호 바지가 빠지고 언딘 바지로 교체가 됐어요. 그 조금 좀 그 몇 시간 좀 혼란스러웠겠죠. 또 바지만 그냥 쏙 빼는 게 아니라 앵커링 박았던 걸 빼고 다시 또 바지가 와서 또 앵커링을 하고 자리를 잡고 하는 데 시간이 좀 걸립니다, 바다의, 이 간단한 일이 아니기 때문에. 그래서 오후가 됐어요. 오후 한 3, 4시, 4, 5시경에 어느 정도 이제 세팅이 된 거죠. 그래 제가 잠수한 건 어두워서, 한 9시경에 아마 첫 잠수를 한 걸로 생각이 나요 세월호 갔을 때.

저의 임무는 잠수하러 들어가서 계단을 타고 안에를 들어가는 게 임무였는데, 저는 창은 어느 정도 다 깨고 창, 그 어 이게 좌현 측에 창문이 이렇게 다 이렇게 다 넘어갔으니까 우현 측이죠, 배 옆에. 창문을 다 깨고 이제 들어갔는데 내 임무는 그 깨진 창문 안으로 들어가서, 아이를 더 안쪽으로 더 깊숙이 들어가서 찾는 거였는데, 제가 가는 도중에 아주 작은 창문이 있었어요. 사람이 내, 어른[은] 못 들어가겠더라고. 근데 거기에 빨간, 희미하게 빨간색 물체가 쑤욱 이렇게 보이더라구요. 그거는 이제 자켓이거든요, 라이프 자켓. '그러면 저 안에 사람이 있다', 누가 그걸 입고 있다는 거죠. 그래서 이제 자세히 들여다보니, 랜턴을 비추고 자세히 들여다보니까 안에 사람이 있더라구요. 그래서 망치로 그 창문을 깨고 내가 몸이 들어갈래니까 몸이 들어갈 수 없는 그 좁은 거였어요.

근데 안에 만져보니까 그 아이가 좀 작았어요, 여자아이였는데…. (한숨 쉬며) 하아, 그래서 그 아이를 처음 만졌어요. 만지고 '인제 올라가자. 애기야 올라가자, 엄마한테 가자' 그러고 그 첫 아이를, 되게 좁았으니까 나오기가 힘들었어요, 빼기가 되게. 요렇게 요렇게 요렇게 해서, 아마 그 아이가 조금 등치가 커서 못 뺐으면 내가 안으로 들어가서 아마 복잡하게 해서 그 아이를 데리고 나왔어야 됐을 상황이었을 텐데 다행히 고 작은 창으로 나왔어요. 그 창으로 나와서 해경한테, 이제 같이 잠수했던 해경한테 인도해 주고 "넌 이 아이 [데리고] 올라가" 그리고 나는 이제 그다음 창 깨진 데로 고 좁은 데로는 못 들어가고 큰 창 깨진 데로 들어가서 이제 수색을 해서 또 이제 거기 찾았던 기억이 납니다. 그게 첫날 23일 날 9시였어요, 9시경. 그 아이 이름은 모르겠는데 얼굴은 지금도 기억이 나요. 작은 여자아이였어요. 학생이었을 거 같애요.

면담자   눈물이 나서 이야기를 잇지 못하겠군요. (휴지 뜯는 소리) 잠수사들이 접했을 참사의 슬픔이랄까, 아이 시신을 직접 몸으로 접해야 하는 상황이었는데요.

김상우   그쵸. (한숨 쉬며) 근데 참 나도 똑같은 사람인데도 이런 생각하면 잘못된 생각인지도 모르겠지만 또 어른 보는 거하고, 물론 똑같은 사망자 시신이지만, 어른 보는 거하고 좀 어린아이 보

63
•
1회차

는 거하고 또 마음이 다르더라고요, 정말로 다르더라고요. (면담자 : 그렇죠) 정말로 다르더라구요. 항상 그 수습할 때마다 저는 얘기를 했었어요. 그리고 이렇게, 이런 이걸 유가족들이 보시면은 좀 속상하시겠지만, 사망하게 되면 이 눈, 코, 입, 귀에서 이렇게 피가 나옵니다. 그리고 뻘이 묻었으면 뻘도 빠지고, 또 압이 차기 때문에 피 같은 게 나와요. 그러면 그걸 닦아줬어요. 이렇게 눈 밑에 코 밑에 이렇게 올라오면서 보이거든요, [손짓을 하며] 이렇게. 격실 안에는 안 보, 깜깜해서 안 보이지만 어느 정도 이렇게 바깥으로 이렇게 해경한테 인도하게 될 즈음 되면, 이렇게 선[체], 그 세월호 바깥을 나오는 거니까, 그러면 약간 빛이 나는…, 보이지요. 그러면서 이렇게 닦아주면서, 올라오면서 쪼금쪼금씩 또 환해지니까, 그러면서 이제 그 인도하고….

그리고 어떤 또 아이는 둘이 이렇게 안고 이렇게, 사망할 때. 안 풀리더라고, 잘. 그 수온도 차고 일단 딱 결집, 긴장을 딱 하고 사망을 했나 봐요. 근데 문은 좁고, 문이 이렇게 이렇게 됐는데 옆으로 넘어지니까 더 좁죠, 낮고. 그 남자애들 또 덩치 큰 애들도 있으니까 또 [물] 안에 있으면 더, 더 커져요. 그럼 두 명은 나올 수가 없는 상황이죠. 그러면 한 명, 한 명 풀어서 나와야 되는데, 도무지 안 풀릴 때가 있더라구요. 그러믄 달래죠. 진짜 이게, 이게 모르겠어요, 저는. 그냥 달랬어요. '엄마한테 가자, 응? 풀러' 친구 풀러. 엄마한테 가자' 그리고 하나하나 이렇게 주물러서, 주물러서 하나하나 풀었던 기억이 나요. 그리고 한 명 빼고 그다음에 해경한테 인도해 주고, 다시 그 자리에 가서 그다음 또 친구…, 그랬던 기억이 나요.

면담자   그간 경험도 많으실 테지만 이렇게 만지고 주무르면서 하신 경험은 처음이셨나요?

김상우   그랬죠. 그리고 과거에 서해 페리호 때는 일주일 만에 다 찾았어요. 역사상 아마 전무후무할 거예요. 원래 배가 침몰하면 [시신] 유실을 보통 5프로를 봅니다. 잃어먹었거나 뭐 떠내려가거나 없어지[거나] 그런 거, 유실을 하여튼 5프로, 평균 5프로를 보는데 그렇게 따지면 세월호도 많이 찾긴 찾은 거예요. 근데 그래도 못 찾은 사람이 있으니까…. 근데 배를 올려봐야 알겠지만 다 있을지 또 몇 명이 유실될진 모르겠어요. 근데 서해 페리호 때는 292명을 다 찾았어요. 그땐 배가 큰 배가 아니었어요. 사람은 많이 탔지만 배가 큰 배가 아니었고 격실 몇 개만 하면 돼요. 그래서 일주일 만에 끝났어요, 이 일은. 근데 이번 일은 배가 일단 140미터고 격실도 엄청 많고, 내가 나중에 도면을 보여주겠지만 그 도면 하나 외워서 한다는 게…. 그래도 저희가 할 부분은 다 찾았던 거 같애요, 냄새 맡아가면서.

그리고 저희들이 정말 너무너무 힘들었어요. 그래도 같은 바지에서 유가족들…, 아 그때 그때는 실종자 가족들이었죠. 실종자 가족들을 보면은 '아, 진짜 힘을 내야겠다. 힘 내야겠다. 힘을 내자' 그럴 수밖에 없는 게, 하루에 네 번 작업을 하거든요. 물때가 네 번, 물이 서는 걸 정조라고 하는데 정조가 네 번 있습니다, 하루에. 그 네 번을 작업할라믄 작업을 준비하고 작업, 작업하고 마무리까지 하는데 보통 2시간 반, 3시간이 걸려요. 그 준비, 앞뒤로 뭐 4, 50분 준비하고 한 1시간 반 정도 작업한다고 생각하면 3시간 잡아요. 그러면 네 번 작업할라면 어떻게 하냐면 세 번, 3시간 일하고 3시간 잠깐 쉬고, 3시간 일하고 3시간 잠깐 쉬고, 3시간 이거를 계속 반복해야 됩니다. 그렇게 네 번씩, 그렇게 계속 반복한 게 딱 한 달을 그렇게 했고, 그다음에 두 달째, 두 달째는 날씨가 너무 안 좋을 때는 하루에 세 번 하고, 뭐 고럴 때 있었고…. 처음에 한 달은 진짜 그렇게 했어요.

그러니까 사람 진짜, 이거는 1주, 2주 지나니까 이건 정신력으로 될 게 아니더라구요. 3시간 일하고 3시간 딱 쉬어버린다고 딱 잠이 오겠어요? 그 앞과의 내용이 있는데. 그리고 또 우리끼리 얘기를 해야 되거든요. "야, 여기는 뭐가 철제가 나와 있으니까", 우리가 가느다란 호스거든요. 이게 호스가 잘못하면 끊기면 우리는 죽는 거니까. "야, 이거 망치로 어? 쇠로 어떻게 피든, 피고 어떻게 어떻게" 하고 우리끼리 얘기를 해요. "어디 가면 뭐가 있고 어디 가면" 이 얘기를 [해야지] 그다음 잠수사가 헤매질 않는다구. '아, 얘가 얘기했던 거 여기 여기니까 여기 쏙 들어가서' [이렇게 생각하면서 작업을 할 수 있는 거죠]. 왜냐면 최대한 빠른 시간 안에 해야 되니까, 시간은 딱 정해져 있고, 그러니까 일이 끝나도 항상 그 얘기를 많이 했다고. 안에 현장이 어떤지, 어차피 안 보이니까 우리가 더듬어서 해야 되는데, 커뮤니케이션을 통해야, 그 소통을, 얘기를 해줘야지만 그다음 다이버가 일을 빨리하기 때문에, 그러니까 3시간 쉴 때 쉬는 게 아니라 항상 그 얘기를 했던 거 같아요. 우리 안전 때문에도 해야 되는 거고….

그러니까 우리가 선수를 하고 해군이 중앙 부위 큰 통로 쪽을 많이 했는데, 그 이유가 뭐냐면 해군은 호스를 보면은 엄브리컬 [umbrical: 통신과 공기를 공급해 주는 선]이 굉장히 두꺼워요, 튼튼해.

그리고 헬멧을 쓰고 안전해. 대신에 날렵하지가 못해요. 그러니까 좁은 객실을 못해요. 우리는 날렵해. 그러니까 좁은 객실을 할 수가 있는 거예요. 대신에 우리는 위험해. 그러니까 칼날에도 그냥 호스가 딱 끊기면 우리는 문제가 되는 거예요. 그러니까 외국 사람, 미 해군 다이버가 왔었어요, 현장에. 그리고 우리 장비하고 하는 걸 보더니 "일단 조류 때문에도 어떻게 들어가냐?"고, "자기네는 못 한다"고 그리고 장비를 보더니 또 놀래더라고, "이 장비로 어떻게 하냐?"고. 두 번이나 의뢰를 했는데 다 안 하고 갔어요. "못 한다" 그러고, 미 해군이. 우리는 우리 조카 같고 우리 새끼 같고 하니깐 우린 뜨거운 피가 있지만 걔네들은 그게 아니잖아요.

면담자   제일 마지막에 아이를 수습한 게 언제였습니까?

김상우   저희가 나올 때 11구를 남겨놓고 나왔거든요. 근데 그러고 88[수중개발]에서는 2구를 찾은 거죠, 그 3달 동안에. 그니까 그 88 있을 때 찾은 아이를 얘기하는 건지 아니면 저희 때.

면담자   잠수사님이 직접 수습한 아이 중에 제일 마지막 아이를 여쭙는 겁니다.

김상우   아, 제가요? (면담자 : 네) 제가 한 거는 6월, 6월 중순인 거 같아요. 날짜는 정확히 모르겠고 6월 중순인 거 같아요.

면담자   6월 중순.

김상우   6월 초? 초? 초순? 아니 초순쯤부터 좀 시신이 거의 안 나왔거든요. 6월 초인 거 같네요. 6월 초, 6월 초.

면담자   그럼 아이들은 언제 주로 많이 데리고 나오신 거예요? 아무래도 초기였겠네요.

김상우   그 며칠, 한 일주일 상간으로 되게 많이 나왔어요, 애들이. 한 하루에 20구, 30구 이렇게 막 나오다가 5월 초경에 인제 뭐 몇 구, 몇 구, 몇 구 이렇게 쭈욱 하다가 5월 말쯤부터 거의 안 나왔어요. 그렇게 됐죠. 6월 달 들어서면서 거의 뜸하게 나오구 이랬었어요.

면담자   그럼 남은 아이들 수도 좀 줄어든 상태였겠군요.

김상우   네. 저희가 [철수한 게] 7월.

면담자   배 안을 수색할 때 상황이랄까요, 그런 수색 과정에서의 어려움 같은 이야기도 좀 해주시지요. 아까 시야가 10센티미터밖에 (김상우 : 10센티미터) 보이지 않는다고 하셨는데요.

김상우   네. 그곳 맹골수로 그쪽이 시간이 지날수록 시야가 좋아지더라구요. 근까 여름 되니까 좀 더 좋아지고 가을 땐 더 좋았대요, 거기 얘기 들어보니까. 근데 봄에가 제일 안 좋을 때예요, 그 시야가 10센티미터. 근데 그거는 바깥에 얘기예요. 그러니까 이렇게 그 세월호 바깥에, 그냥 수면에서 세월호까지 갔을 때, 일반 잠수할 때 시야가 10 전이라고. 세월호 안에 들어가면 아예 없어요, 시야가. 왜냐하면 세월호 안에는 빛이 아예 없지 않습니까. 실내잖아요, 실내. 오픈된 데가 아니라 실내니까 빛이 아예 차단되니까 아예 깜깜하다고 봐야죠. 10 전도 안 된다고 봐야죠. 그리고 랜턴을 비치면 랜턴이 부유물이 많기 때문에 이렇게 육상은 이렇게 퍼져서 비치잖아요. 근데 물속은 이렇게 부유물이 많아서 기둥같이, 요렇게 봉같이 요렇게만 보여요. 그니까 별 큰 의미가 없는 거예요. 뭐 하나 집중적으로 할라면 필요하지만, 전체적으로는 이렇게 볼 때는 이 랜턴이, 이 라이트가 큰 효과는 없는 거죠. 어차피 우리가 뭐 랜턴에 의지해서 가는 것도 아니고 하강 라인 설치하고 그다음에 더듬어서, 머릿속에 도면이 있으니까, 매일 들어가니까 도면을 이제 외웠겠죠. 어디 객실, 몇 번째 객실 확인하고 격실이 이렇게 이렇게 넘어지니까 격실이 위아래, 위아래 있다고요, 이게 통로고. 그러니까 격실이 밑에 있고 하나는 위에 있고 하나는 밑에 있고 위에 있고, 이렇게 그걸 다 외워서 이렇게 가는 거죠. 위에 문은 이렇게 열어야 되고 밑에 문은 이렇게 열어야 되고.

근데 이제 그게 오래되니까는, 철제[하]고 나무다 보니까 이게 막 무너지면서 날카로운 것들이 막 나오잖아요. 근데 저 아까도 말씀드렸지만 잠수, 저희 장비 호스가 되게 약해요, 고무호스라고. 그래서 잘못하면 이게 딱 비잖아요. 이렇게 하면 베이면 우리 에어[air: 공기] 공급이 안 되면 우리도 위험하잖아요. 그러니까 그런 것들이 제일 불안한 거죠. 물속에 들어가면 나도 베테랑이라고 생각하는데 할 때마다 이 머리가 삐쭉삐쭉 서고 할 때마다 진짜 그 패닉이지 공포, 그런 게 오더라구요. 할 때마다 맨날 갔던 길인데도 그거는 어쩔 수 없어요. 그거는 근데 우리 잠수하는 사람은 말은 안 했지만 우리 모두 아마 그거를 느끼[는], 그러니까 초긴장이 되는 거죠. 그래서 잠수하는 사람들이 말이 거칠고 무서[워요]. 그런 게 뭐냐면 잠수하는 사람은 뭐가 쫌 잘못하면은 물속에서 다치는 게 없어요, 그냥 죽든지 살든지. 위에서 뭘 잘못했다 그러면 밑에 사람은 죽는 거라구. 에어 잠 그면 죽는 거 아닙니까? 에어 잘못하면 죽는 거.

그래 한번은 방송국 사람들이 한 번 온 적이 있어요, "잠수하는 거 찍겠다"고. 그 잠수하는 호스를 막 밟고 지나가는 거야. 저거 밟으면 밑에 잠수하는 사람들 꺽, 에어가 중단이 되면 꺽이잖아. 그럼 밑에 사람은 놀랜다구. 안 그러겠습니까? 근데 사람들은 그 호스가 뭔지도 모르고 그러고. "밟지 마세요"라고 얘기해도 자기는 찍는 게 바쁘니까. 그래서 외부인들을 많이 안 한 거예요. 왜냐면 장비 하나라도 뭐 잘못 건들면 안 되니까. 그러고 일단 외부인들 그랬어도 그랬고, 어떤 이유 때문에도 그랬지만, 외부 접촉을 많이 안 했죠. 잠수사들만 바지에 있었던 거 같애요.

면담자   잠수하신 경험과 관련해서 더 하시고 싶은 얘기가 있으면 이어서 말씀해 주세요.

김상우   잠수는 레포츠 다이빙도 마찬가지구 산업잠수도 마찬가지구, 숨 쉬는 자체가 이 공기 중에 편안하게 숨 쉬는 게 아니기 때문에 되게 불편하고 누구나 다 공포스럽고 패닉이 있어요, 패닉이 있고. 근데 어떤 일 때문에 들어가느냐에 따라 자기 마음가짐이 다르겠지만, 이렇게 시신 수색을 해서 작업을 해서 이런 작업은 정말 다신 하고 싶지도 않고, 해서도 안 되는 일이고, 아주 위험한 일이기도 하고, 또 이런 뭐 나중에도 얘기하겠지만 정말로 잠수하면서도 항상 느꼈어요, 안타깝고. '내가 너희들을 빨리 찾아서 하긴 하지만 너무 속상하고 안타깝다. 내가 이 일을 왜 하는지 모르겠다. 왜 이런 일이 일어난 지도 모르겠고' 하여튼 그런 생각들 되게 많이 했어요. 지금 또한 자다가도 그때 생각들이 많이 나요. 왜 안 나겠습니까? 트라우마 있는 저희 잠수사들도 많은데, 아까도 저는 말씀드렸지만, 저는 정말로 그 세월호 선원들하고 해경의 초기 그 구조하러 갔을 때 그 정말 아, 지금도 이해할 수가 없습니다. 왜 그렇게 어처구니없게, 자기들만 쏙 나오고 그 구조를 안 하고 그랬는지 지금도 참 그 얘기는 진짜 자다가도 진짜 버쩍버쩍 생각이 나고…, 의문인 거 같애요.

면담자　　　바지 위에서 식사를 포함해서 안전을 위해 어떤 조치들이 있었는지 포괄적으로 소개해 주시죠.

김상우　　　하아, 물론 첨에 금호 바지를 봤는데 금호 바지에서 안전 그런 거는, 그런 상황에서 보통 안전 수칙은 잠수사 본인이 다 알아서 하는 겁니다. 잠수하는 게 제일 중요한 거지, 육상에서의 안전이 뭐 얼마나…, 뭐 눈에 보이는데…, 근데 물속 일은 본인이 다 한다구요. 본인 스스로 조심해야 되고 본인이 알아서 해야 돼요. 그리고 식사 부분은 금호 바지에서는 도시락 시켜 먹었더라구요. 저도 거기서 한 끼를 먹어봤는데 식은 밥 먹는 거죠. 왜냐하면 뭐 물때 작업을 하는 거니까 밥때 [맞춰서] 밥을 먹는 게 아니잖아요, 시간이 딱 그 시간이 잠수해야 되면 잠수하는 게 우선이지. 언딘에서도 마찬가지고 도시락 먹고 라면 같은 거 많이 먹고…. 근데 이광욱 잠수사 사망 이후에 먹을 게 많이 들어왔어요, 그 이후로. 빵도 들어오고 피자

같은 것도 들어오고 치킨도 들어오고, 그리고 "잠수사들 고생한다"
고 그때 옷 같은 것도 온 거 같고, 5월 6일 이후에.

면담자   유가족들이 챙겨 보내서 자원봉사자 한 분이 과일이
라든지 이런 거 바지로 나르고 그런 거는 없습니까?

김상우   있긴 있었던 거 같은데, 저도 들은 얘기고 보기도 했
지만, 항상 해경 배로 들어오잖아요. 그러면 어딜 들렀다 오더라구
요, 항상. 해경, 그러니까 거기서 어디 보냈다는데 여기서는 받은 적
이 없는 경우도 많고, 뭐 얼마를 보냈다는데 보면 요만큼 오고, 그런
게 다 어디 걸쳐서 오니까 그랬던 거 같애요. 한번은 햄버거 누가
"수백 개를 했다고 보냈다"고 그러는데, 그래 내가 후배한테 "야, 햄
버거 좀 갖고 와봐라" 그랬더니 다섯 개 주더니, 잠수사들 나눠 먹으
라고 다섯 개를 갖고 왔더라고 그래서 "야, 그냥 안 먹는다고 다시
갖다줘라" 내가 그랬어요. "아, 그래도 먹어요" 그래서 먹었는데, 그
"해경하고 해군들 줄 거다라고 그랬다" 그러더라구요. 그래서 "참 그
래? 어이가 없다" 그러고 먹는 거 추접스러우니까 "됐다" 그냥 그러
고…. 근데 뭐 나중에 얘기해 보니까 "몇백 개 준비했다" 하더라구
요. 근데 다섯 개로 노나 먹었어요, 그때. 다섯 개를 갖고 잠수사 10명
인가가 20명이 노나 먹었다고, 나는 안 먹었는데 치사해서. 중간 뭐
전달이 잘못된 거겠죠? 근데 인간으로서 그렇게 하면 안 되겠죠? 다
섯 개 가지고 노나 먹으라고 한다는 건 말이 안 되는 거죠? 근데 실
제로 그렇게 했어요. 근데 그 왜 그랬는지는 뭐 이유가 자기들 말이
이유가 있었겠죠. 근데 어쨌든 그런 식으로 이렇게 들어오거나 안

오거나 그런 경우가 많았어요.

면담자　바지까지 오셨던 당시 실종자 가족분들이 많으셨죠?

김상우　네, 네, 많았어요. 돌아가면서 이렇게 많이 오셨었던 거 같애요.

면담자　아마 매일 교대로 바지를 탔을 텐데요. (김상우 : 네, 네) 만나서 이야기를 나누거나 이러지는 않으셨나요?

김상우　처음에는 안 그러다가 나중에 얼굴, 안면이 [익고] 자주 보니까 이제 얘기하게 되더라고요. "우리 애기 옷 뭐 뭐 입었는데 올라오면 얘기 좀 해주세요" 이렇게 부탁도 받고 막 한 적도 있어요, "네, 알겠습니다". 그러고 지금도 기억나는 게 거의 마지막에 중근이가 나왔어요. 안중근이라고 중근이 아빠, 아무래도 늦게 나왔으니까 제일 바지 오래 탔겠죠. 중근이 아빠하고도 얘기를 제일 많이 했고. 그리고 또 이름도 특이하니까 기억도 나고 또. 중근이라고, 중근이 나올 때 우리 진짜 잠수사들 막 운 사람도 있었어요. 너무너무 반갑고, 반갑다기보다 막 애타게 찾았으니까…. 그 아이를 나오기를 또 걔네 아빠도 되게 많이 바랬고, 아주 거의 마지막에 나왔던 걸로 기억이 나요, 중근이가. 그 분향소 가는데도 또 중근이를 봤어. 누가 누군지…, 근데 중근이가 제일 오른쪽 끝에 쪽에 있더라구요. 어떻게 또 우연히 봤어. 선배가 "또 봤다"고 "보라" 그러더라구. 그래서 보니까 또 중근이더라고. 그래서 '아, 니가 그렇게 생겼구나' 그랬죠.

면담자　중근이 아버님이 중근이 기다리면서 부탁을 많이 했나 보군요.

김상우   그렇죠. 저희도 미안하지요. 저희도 빨리 찾고 싶고 미안하고, 또 중근이 아빠는 "힘든 거 아는데" 또 저희들한테 "좀만 더 힘내주라"고 또 애쓰고 그런 말씀하시고, 아 아니라고 "저희가 미안합니다. 저희가 빨리 더 열심히 하겠습니다" 그러면서, 저희는 잘못한 거는 없지만 그냥 미안한 마음이죠, 항상. 그래도 난 산 자니까 어쨌든, 그리고 아직 못 찾았으니까, 그리고 내가 할 일은 찾는 거잖아. 근데 못 찾았으니까 미안한 마음이었죠.

11
부상과 그에 따른 정부의 지원에 관한 문제

면담자   힘든 기억이시겠지만 다치신 얘기를 좀 구체적으로 듣고 싶습니다.

김상우   저는 현장에서 좀 다쳐갖고 중간에 저희 동료 잠수사보다 한 열흘 정도 먼저 나왔어요. 그 과정을 말씀드리면, 이 물속에 있으면 이제 시야도 뭐 안 나오고 이렇다 그랬잖아요. 근데 물속에 시신 냄새도 납니다, 물속에서도…. 그래서 인제 격실 안에를 수색하는 과정에서 저 안쪽에 그 모포인가 뭐를 내가 딱 들었어요. 매트리스였다, 참. 매트리스하고 모포를 이렇게 들었다구. 근데 모포인지 매트리슨지 안 보이니까, 뭐 잡히니까 안에까지 속속들이 수색을 해야 되니까, 그리고 배가 넘어지면서 이 객실하고 이 객실하고 무너지면서 짬뽕이 된 게 있어요. 무슨 말인지 아시겠죠? 같은 객실이 짬뽕이 되는 거, 그러니까 벽이 천장이 되고, 이렇게 허물어지니까 어디가 어딘지를 모르겠는 거야. 그리고 침대, 이층 침대가 무너지면서 아주 그냥 복잡하게 된다고. 그러니까 좁고, 막 들어가면 저 안에 막 넓고, 뭐 이렇게 되는 경우가 있단 말이야. 그러니까 속속들이 다 찾아야 된다구.

그래서 매트리스하고 아마 그 모포, 이불 같은 거였을 거야. 그게 딱 막혀 있었나 봐. 그걸 딱 빼는데 냄새가 훅 하고 나오더라구요. '아 저 안에 있구나, 확실하구나' 그래서…, 어쩌지? 문 같은 게, 이제 구조물 같은 거를 땡겨서 거기를 확보를, 열어야 내가 들어가는 거니까, 힘을 쓰니까 이게 안 되더라고. 그래서 인제 막 힘 쓰고 씨름하고, 우리말로 '씨름한다' 그러는데, 씨름을 하는데 그 좁은 상…, 좁은 상태에서 힘 쓰는 게 물속은 되게 어려워요, 그리고 뭐 그 자세가 안 나오니까 더더욱…. 그러다 어떻게 뻑 하는데 위에서 부르르 무너지는 거예요. 확보는 했는데 위에 짐이 훅 떨어지니까, 그러고 이제 충격을 받은 거죠. 머리로 하중을 받고, 그러고 일단은 '그 빨리 찾는 게 우선인 거'밖에 생각이 안 나더라고. 그래서 들어가서 아이를 찾았어요. 근데 그 기쁨에 '이제 빨리 나와야지' [하고] 나와서 해경한테 인제 인도해 주고 "찾았다"고, 이제 폰 연결돼 있으니까 얘기하고, 다시 [그곳에 돌아가서] 찾아보니까 없더라고 그다음에는. 그래서 난 시간이 돼서 인제 올라왔고, 그다음 잠수사가 찾아, 또 수색을 했죠.

그리고 인제 좀 쉬다가 그다음 다이빙할 차례가 와서 아마 아침이었을 거예요. 근데 일어나는데 팔에 힘이 없더라고, 뭘 못 들겠더라고. 물론 잠수하고 올라와서도 그랬는데, 원래 아프니까, 온몸이 다 아프니까, 천근만근이니까 매일매일, 그냥 '이러면 낫겠지'라고 . 근데 하룻밤 지나서 그다음 날 되니까는 한쪽 팔을 못 쓰겠더라구요. 그래서 "아, 형님 나 좀 좀 조…금 이상이 있다. 그냥 이상이 있는 게 아니라 조금 많이 많이 안 좋은 거 같다. 병원 가서 한번 좀 진찰 좀 받고 오겠습니다", 그래서 119 타고 그냥 그쪽으로 갔어요. 삼천포서울병원이라고 잠수전문병원이 있습니다, 삼천포에. 거기 가서 이제 몇 가지 촬영하고 찍고 하니까는, "목 디스크 급성으로 왔다"고 "이거는 좀 수술해야 될 거 같다"고…. 그러고 며칠 있다 바로 여기 디스크 수술하는데, 목 이렇게 절개해서 디스크 수술받았죠.

면담자   잠수사들이 그런 부상, 후유증 같은 게 주로 어떤 게 나타나시죠?

김상우   저는 인제 디스크 수술을 했구요. 디스크보다는 잠수를 오래 하게 되면 단순 잠수병은 챔버에서 이렇게 질소, 몸속에 들어가는 질소를 이렇게 빼내는 걸 이렇게 챔버에서 하는 건데, 단순하게 잠수병 온 사람들은 그렇게 치료가 되는데, 오래 잠수를 좀 많이 한 사람들은 골괴사라는 게 옵니다. 골괴사, 뼈가 썩는 병인데 잠수사도 그게 와요. 그 잠수병, 골괴사 온 사람이 [우리 중에] 여덟 명이에요. 근데 보통 우리가 따른 현장에서 잠수를 할 때, 산재를 받을 때 마지막 현장에서 그 산재를 받거든요. 근데 저희는 산재가 안 되잖아요. 근데 저희가 아까도 말씀드렸지만 잠수할 때 해수부장관이나 경찰청장이 저희가 다친 거에 대해서 "모두 산재만큼의 보상을 해주겠다" 치료 보상을 약속을 했습니다, 또 그게 또 당연한 거고. 우리가 뭐 더 달라는 것도 아니고 '산재만큼은 해줘야 되지 않냐? 국가에서 그래도 어떤 기업보다 못 해주지는 않지 않나? 그렇게 해주겠지, 설마' 그렇게 생각했어요. 근데 지금 대한민국 수난구호법에 보면은 장애를 입어야만 이게 치료 보상이 되더라구요. 그냥 다쳐갖고는 치료 보상이 안 되는 거예요.

그 우리 골괴사한 사람들, 다른 현장에 못 간단 말이야, 안 받아줘. 왜? 거기서 산재 받을까 봐, 나같이 수술한 사람 이런 사람 안 받아준다고. 그래서 그거 잠수사들 이거 치료한 거 때문에 엄청 지금 2년 동안 힘들었어요. 작년 12월에 또 잠수사들 치료 지원하다가 딱 끊겼어요. 아니 무슨 다친 사람이 며칠날까지 지나서, 그러면 낫는 게 어떻게 [가능하겠어요], 병이 그거는 아니잖아요. 그러다 다시 또 재개하다가 또 중단하다 지금 세 번째 치료해 주고 있는 건데…. 어쨌든 그래서 그 장애라는 말을 빼고, 이번에 법이 새로 바뀌었어요. 수난구호법에 이제 "부상을 입어도 그 등급에 맞게 보상 신청을 해줘라". 근데 그게 2년이 걸렸거든요. 그 2년 동안 잠수사들 한 10여 명 정도는 다른 현장에도 못 가고 잠수 일을 못 하고 그냥 치료만 받으면서 정말로 2년 동안 바보같이 산 거 같애요, 다들. 환자니까 일단 어디 가지도 못하고, 그게 조금 다른 잠수사들도 그러고. 좀 되게 안타까워요.

면담자　　　치료비는 지원이 됐습니까? 김 잠수사님은 목 디스크 수술하셨잖아요.

김상우   그러니까 잠수사라 그러면, 나라에서 그냥, 병원에서 그거 [치료를] 하면은 병원이 그 진료비를 국가 그 뭐 건강관리공단에다 청구를 하는 거죠. 보건복지부로 올라가겠지요? 그러면 보건복지부에서는 '아, 이 사람이 잠수사다' [그러면] 세월호[에서 잠수했다는] 그거를 해경이 확인을 하겠지요? 거기서 확인을 받으면 인제 그렇게 해서 해경은 또 건강관리공단에다 돈을 공탁을 하고, 공탁을 했더라구요, 얼마 이렇게 예치를 한 거랑, 그럼 거기 내에서 쓰는 거죠. 건강관리공단은 그렇게 또 청구하고.

면담자   골괴사나 기타 잠수 후유증은 어떤 시기는 보장이 되고, 어떤 시기에는 보장이 안 됐던 건가요?

김상우   네. [지속적으로 지원이] 안 된 거지요. 치료를 하다가 갑자기, 골괴사 같은 경우는 보건복지부에서 갑자기 치료를 안 해주더라구요. 7월 달까지는 해주다가 8월 달부터 "안 된다" 그러는 거야. "골괴사는 오랜 시간 잠수를 해야 나오는 거기 때문에 안 된다" 자기들끼리 결정을 한 거예요. 근데 이제 삼천포병원에 있는 잠수 전문 의사는 "좋다. 잠수를 오래 하는 것도 그 말도 틀리지 않다. 그러나 내가 세월호에서 잠수했던 잠수사들의 그 잠수 시간을 보니까, 이 잠수 시간, 이거 잠수한 걸로 봐서는 거기서 더 악화됐다는 것을 배제할 수 없다. 악화됐을 것이다. 그렇기 때문에 그것만으로도 국가에서 치료해 주는 게 맞다"라고 얘기를 하는 거예요. 그러니까 그 얘기를 해경이 들었다구요. 그래서 해경은 "그럼 보건복지부랑 다투지 마시고 자기네들이 치료를 해줄 테니까, 전남도청에 수난구호법으로 치료비, 보상금 신청을 하라"는 거예요. 근데 전남도청에서는 또 "장애인이 아니라고 안 된다"고 그렇게 또 되더라고요. 그러고 해경에서는 "주고 싶어도 못 주겠다. 어쩔 수 없다. 법이 이렇다" 이렇게 되는 거예요. 그게 2014년도 겨울에 그러면서 2014년도 12월 달에 잠수사 치료 지원이 또 중단됐어요. 우리는 보상금도 못 받고 치료도 못 받고, 우리는 공중에 부웅 떠버린 거죠.

그래서 그때 너무 답답해서 언론에 이제 얘기를 하게 됐어요. 호소를 하게 되고 그랬더니 또 일시적으로 잠수사들 치료를 연장시켰다고. 그리고 몇 달 있다가 또 끊겼고 그리고 요번에 또 다시 받고 있는 거거든요. 그리고 치료 보상금은 그 장애 그거 받고, 법을 바꿔야 되는 거기 때문에 오래 걸렸죠. 그래서 올 2016년 1월 23일 날 그 법이 통과가 됐어요. 그래서 "7월 23일 날 효력이 생긴다"고 하더라구요. 6개월 뒤가 되니까, 그래서 그때 이제 신청을 우리가 할려고 하는데, 그것도 뭐 산재에서 얘기하는 그 보상금하고 또 병원에서 얘기하는 급수하고 또 다르더라구요. 산재는 잘돼 있는 게 뭐냐면, 치료비하고 그다음에 휴업급여 그다음에 일 못 할 시간이 그런 게 쭈욱 이렇게 돼 있더라구. 근데 병원에서는 딱 그냥 병원 입원 일수, 입원 고 시간에서 적용만 급수를 매기지 그 이후에…. 아, 골괴사 이거 예를 들어 골괴사는 관절 바꿔 끼워야 하거든요, 수술을 하게 되면. 바꿔 끼고 바로 일할 수 있는 건 아니잖아요.

그 몇 달 동안 그 또 저도 디스크 수술하고 바로 일을 할 수 있는 게 아니듯이, 이렇게 그 재활할 수 있는 기간이 있어야 되잖아요. 그런데 그런 거 없이 그냥 급수를 딱 짧게 매기더라구요. 그래서 '아이것도 좀, 좀 뭔가 보완을 더 해야 되지 않을까'. 그리고 제 생각엔, 제가 외국 사례를 좀 봤더니 외국은 그 구조자가 다치면 구조자도 피해자에 같이 이렇게 포함된 경우가 선진국은 많더라구요. 그리고 뭐 트라우마 치료도 예를 들어서 뭐 9·11 같은 것만 봐도 뭐 10년씩 이상 해주고 있고. 근데 우리나라는 너무 기간도 이게 말도 안 되게 짧게 돼 있고…. 또 그래도 '우리가 그래도 일선에서 제일 그래도 많이 목숨 걸고래도 일을 했다'고 생각하는데 "하다못해 뭐 어선들, 어민들도 배·보상에 포함이 돼 있던데 우리 잠수사들은 좀 해주면 안 되냐?" 그랬더니 그 또 안 되더라구요. 그래서 참 그런 부분이 좀 잘 돼야 이런 일이 일어나면, 또 일어나면 안 되겠지만, 또 일어났을 때 누가 달려가야 될 거 아닙니까? 근데 누가 달려가겠냐고, 마무리를 이렇게 해버리면은.

면담자   다른 나라의 사례 보신 것들 중에, 재난에 이렇게 발 벗고 나선 분들에 대한 국가 유공 얘기 같은 게 언급된 경우는 없던 가요?

김상우   아이고, 그거 바라지도 않구요. 그런 거 잘 모르겠습니다. 그렇게 해서 간 것도 아니고, 뭐 그런 적도 없구요. 그다음에 의상자 신청을 우리가 하긴 했어요. 그걸 왜 하게 됐냐면, 의상자가 되고 싶어서 한 게 아니라, 수난구호법으로 장애를 입어야만, 그때 그런 말. 그래서 안 된다고 그랬지 않습니까? 그래서 해경에서 "그러면 마지막으로 의상자 신청을 해봐라" 그래서, "의상자가 되면은 그건 장애 안 입어도 아마 지원이 되겠다. 될 것이다" 그래서 해경의 요청에 의해서 우리가 의상자 신청을 한 거예요. 그래서 [신청을 했는데도 그것되] 안 돼, 그거도 "안 된다"고 그러더라구요. 그래서 뭐, 왜냐면 뭐 "임금을 받았다고 안 된다"고 하더라고. 그래서 우리가 "임금받을라고 처음에는 간 게 아니고 나중에 해경이 준 거지 그건 아니다" 그래도 어쨌든 "받았으니까 안 된다"고 그래서 그래 뭐 우리가 의상자 될라고 한 건 아니기 때문에, 그거는 뭐 우리가 치료 보상금만 받으면 되기 때문에 "치료비만 받으면 된다" 그랬더니, 의상자 될라고 한 건 아니기 때문에 그건 안 되고, 그건 크게 뭐 그건 없어요. 그건 없는데, 지금 치료비까지 [지원이] 안 되고 있는 상황이니까 좀 아직까지는 답답합니다. 인제 뭐 풀어나가야 되겠지만, 더 좀 적극적으로 나서서 '이렇게 구조하려 하다가 다친 사람들은 좀 제대로 치료를 해줘야 되는 게 당연한 거'라고 또 저는 생각하거든요.

12
7월 10일 바지에서 철수하게 된 이유

면담자　　　아까 제가 한 가지 빼먹은 게 있네요. 죄송합니다만, 다시 앞의 시기 이야기로 돌아가면, 언딘 바지에서 함께 잠수하신 분들이 7월 10일에 철수하게 된 이유는 뭡니까?

김상우　　　아, 그 이유가요. 인제 저희가 언딘 리베로 바지라는 바지에서 해군, 해경, 우리 민간 잠수사 다 같이 잠수를 하게 됐는데, 우리 민간 잠수사는 선수, 배 앞쪽을 수색을 했고 군인들은 인제 중간, 배 중간 부분 큰 통로나 어떤 그런 쪽 큰 객실 쪽을 하게 됐어요. 그리고 선미 쪽에 88수중[개발]이란 데가 와서 선미 쪽을 작업을 했어요. 근데 선미 쪽을 작업을 할라고 하는데 거기를 절단해서 다 들어내는 데 우리한테 "얼마 걸리냐?"고 물어보더라구요. 그래서 공우영 잠수사, 선배가 "그거 다 끄집어내는 데 두 달은 걸린다"고 그랬더니 88수중에서 자기들은 "2주면 되겠다"고 그랬나? 그렇게 얘기를 한 거예요. 그랬더니 유가족분들이나 실종자 가족분들은 당연히 빨리하는 데 해달라고 할 거 아닙니까? 그건 당연하죠.

그래서 그쪽 업체에서 선미 쪽을 하게 된 거예요. 그래서 "자기들이 하면은 다 하면 전반적으로 다 빨리할 수 있다"고 뭐 이렇게 얘기를 했을 수도 있지요. 그리고 그분들이 잠수를 어떤 거를 했냐면 나이트록스[NITROX: 일반 공기보다 질소의 함량을 낮추고, 산소의 함량을 높인 공기를 사용하는 잠수 방식] 잠수라는 걸 했어요. 나이트록스라는 잠수라는 거는 어떤 거냐면은, 레포츠 잠수할 때 쓰는 건데 일반 잠수보다 잠수를 쫌 길게는 해요, 한 번 잠수할 때는. 근데 똑같[은], 깊은 수심 속에서 계속 잠수를 할 때는 큰 차이가 없어요. 근데 언뜻 들으면 길게 잠수하니까 그게 나은 거라고 생각을 하지요. 근데 저희는 그 잠수를 하지 않습니다. 그 잠수는 산업잠수에서 통상적으로 쓰는 잠수가 아니에요. 미 해군, 우리는 미 해군 잠수표를 보고 잠수를 하거든요. 그래야 뭐 잠수 이상이 생길 때, 잠수 테이블이라고 해서 그걸 보고 치료표를 보고 챔버에 들어가서 치료를 하는 거예요. 근데 나이트록스 잠수는 신경계통이기 때문에 문제가 생길 때에는 치료표가 없어요. 그리고 통상적으로 그렇게 대중적으로 한 데가 없고, 말 그대로 레포츠 다이빙으로 1회나 2회 잠수할 때 쓰는 거예요. 근데 그걸 한다고 하니까는 잘 모르는 사람 입장에서는 지푸라기라도 잡는 심정으로 "그렇게 하자" 이게 되는 거예요.

근데 저희들이 잠수하는 방법이 잘못됐다? 아니 200, 200구가 넘는 시신을 저희가 수습을 했는데, 290몇 구를 해경하고 같이. 저희가 잠수했던 방법이 잘못됐다? 그리고 그동안 너무나 과로해서 [잠시 피항 나와 있을 때] 뭐 여러 가지 이유로 통보, 통보? 저희랑 의논한 게 아니라 저희 피항 나왔을 때 태풍 불 때 저희 육지에 나와 있던 사이에 통보한 거야, "짐 싸가지고 나가라"고. 그래서 일방적으로 나왔어요. 그리고 88[수중개발]이 그 자리에서 그 2주 만에 하겠다는 그 일을, 저희가 나간 7월 달부터 11월 달까지 세 달, 네 달을 했는데 그때까지도 결국은 못 했어요. 그 세 달 넘게까지, "2주 만에 끝내겠다"는 그 일을 세 달이 지나서도 다 완벽하게 끝내지를 못했어요. 그러니까는 유가족분들은 이제 "속았다"고 화를 내고 하시더라구요. 근데 저희는 그때 그 당시에 정확하게 얘기를 한 거거든요, "두 달 걸린다"라는 게. 근데 이제 88에서는 그렇게 짧게 얘기하니까 88 쪽으로 인제 그렇게 된 거죠. 그래서 저희는 솔직히 뭐 해경이나 국가에[서] 써먹고 버림당한 거예요. 되게 배신감 느끼죠, 사실은. 너무너무 배신감 느껴요. 그렇다고 치료를 제대로 해주는 것도 아니고. 그러니까 정말로 '진짜 이래도 되나, 이 나라가? 정말 대한민국이 이러면 안 되는데, 이거밖에 안 되나' 사실 참 속상합니다.

면담자　　　　그러면 7월에 수술받으시고 집으로 오신 건가요?

김상우   아, 저는 이제 6월 24일 날 나왔어요.

면담자   귀가하신 게 이제 7월 초 정도 되겠네요.

김상우   아니요. 그 병원에 한 거의 한 8주 입원해 있었습니다. 재활도 또 거기서 했었거든요. 그래서 8월, 뭐 8월 즈음에 올라왔죠. 제가 6월 24일 날 병원에 입원해 들어갔으니까 8월 중순쯤에 올라왔습니다.

13
일상의 변화와 국가관의 변화

면담자   집으로 돌아오셔서 참 많이 허탈하고, 여러 생각이 드셨겠어요.

김상우   그랬죠, 아이 정말로. 그리고 이제 일단 명예는 명예대로, 국가에 버림받았죠, 그다음에 몸도, 몸 다치고. 그냥 매일 술 먹었던 거 같애요. 그리고 세월호 그 자체에 속상한 것도 있고, 그 누구한테 얘기하고 싶지도 않더라구요, 할 사람도 없고. 그 저희 잠수사들이나 가끔 만나면서, 또 저희 잠수사들 중에서 저같이 지금 잠수 2년 동안 못 하신 분이 한 10명 정도 되는데 그분들하고 이제 가끔 연락하면서, 또 공우영 선배님 또 재판 때, 매달 거기 목포 가서 만나고…. 그냥 그렇게 그냥 속상하게 지냈던 거 같애요 그냥, 그 이후로 사실.

면담자   뭐랄까, 주변 사람들과 별로 대화를 많이 안 하셨던 거 같애요. 예를 들어서 가족이나 친지들과 같은 분이요.

김상우   하아…. 아니, 얘기를 안 했다기보다 그냥 자연스럽게 말을 좀 안 하게 되더라구요. 왜냐하면 얘기하게 되면 다들 그러잖아요. "너 가서 몸 다치고 거기서 나라에서 버림받고…", 그 얘기 들을 바에 내가 뭐 할려고 그 얘기하겠어요, 다른 사람들한테. 하고 싶지 않더라구요. 난 그게 아닌데, 그게 그 사람들도 이제 조심해서 나한테 그런 얘기 안 하지만, 그런 걸 느껴지잖아요. 그래서 세월호 관련된 얘기를 일부러 안 할려고 했죠, 많이. 갔다 왔지만 [사정을] 모르는 사람들[이] 많이 물어보긴 했죠. 하지만 얘기를 뭐 일부러 하지는 않았던 거 같애요.

면담자   국민들이 아이들을 위해 한몫을 하고 싶었던 것처럼, 잠수사분들이야말로 몸을 투여해서 실천하신 분들인데요. 그럼에도 여러 후유증을 감내하셨고, 정신적인 후유증까지 생겼는데, 이에 대한 국가의 대응이 실망스러운 상황이죠. 그만큼 국가나 사회에 대한 생각도 변화하셨을 거 같은데요. (김상우 : 네) 세월호 수색 작업을 계기로 국가에 대한 생각이 좀 바뀌셨나요?

김상우   글쎄요, 제가 뭐 그렇게 애국자인지 아닌지는 잘 모르겠지만 그래도 우리나라 남자라면 다 군대에 가서 나라를 위해서 짧게는 몇 년씩 길게는 10년씩 이렇게 일을 국가를 위해서 하는 거는 알고 있지만, 그게 의무로 하는 거하고 정말로 이렇게 본인이 정말로 큰마음을 갖고 하는 거는 다르다고 생각을 해요. 그리고 세월호 그 전이라고 나는 뭐 국가관이 뚜렷하고 이 나라 사랑, 뭐 어떤 그런 게 있는지 없는지 모를 정도로 바쁘게 살았던 거 같아요, 사실은. 정신없이 바빼 살았는데, 그리고 정치, 여당, 야당 저는 그런 거 잘 모르겠습니다. 그냥 이 나라가 예전보다 더 많이 민주주의가 되고 더 많이 발전되고, 소위 말하는 의식구조도 좀 높아지고, 그러기만 바라며 그냥 일반 사람들 같은 그런 생각을 하고 살았어요. 그러나 이제 세월호 그 사고 이후에 제가 변한 점이 뭐냐면, 아 그냥 누구 하나만 생각한다고 이게 되는 것도 아니고 또 어떤, 어떤 몇몇 사람이 된다고 [좋아지는] 것도 아니고, '어떤 구조적이나 어떤 기본부터 많은 게 좀 변해야 되지 않나', 그러니까 '개개인의 생각들이 다 좀 변해야 된다'고 생각을 해요.

제가 세월호 진상 규명을 왜 해야 되는지 저번에도 말씀을 드렸지만 정말로 왜 해야 되냐면요, 서해 페리호 사건이 20년 전에 일어났고 정부는 "그거에 대해서 일어나지 않게 하기 위해서 준비를 하겠다"고 난 그 기사도 보고, 봤는데, 20년이 지난 이 시점에 또 이런 사고가 일어났단 말이에요. 진상 규명이 똑바로 되지 않으면 이런 일은 분명히 또 일어난다고 전 경고하고 싶습니다. 근데 그게 내 가족이 될 수도 있고 누구 가족이 될지 모르는 거예요. 이렇게 불안한 세상에 살고 있는 거예요. 그렇기 때문에 이거는 남의 일이 아니라 다 각자 개인, 우리의 일이라고 생각을 하고, 진짜로 생각 구조를, 남의 일이니까 남 얘기라고 이렇게 생각을 할 게 아니라, 깊게 한번 생각을 해봐야 되고…. 정치적으로는 모르겠는데 이 안전 쪽으로, 저가 얘기하고 싶은 거는 정말로 뚜렷하게 조사를 좀 확실히 잘해서 참 안전한 세상이 그나마 될 수 있게끔, 물론 억지로, 억지로 그냥 막 안 되는 걸 되게 하겠다고 그런 말[을] 하는 게 아니라 '지킬 수 있는 것, 미연에 방지할 수 있는 것들, 그런 거는 좀 준비를 해서 가야 되지 않나' 그러니까 저는 그런 생각을 꽤 많이 하게 되네요.

면담자   잠수사분들이 언론에 노출된다든지 이런 장소에 좀 덜 나오셨다가 (김상우 : 네) 최근에 김상우 잠수사님이 지난번 청문회도 그렇고 특별법[4·16 세월호 참사 진상규명 및 안전사회 건설 등을 위한 특별법] 개정을 위한 기자회견 등에 직접 참여도 하셨어요. 결정적인 심경 변화가 있었나요?

김상우   아, 그거는 이제 처음부터 그랬지만 유가족분들 보는 게 참 되게 미안했어요. 아까도 말씀드렸지만 우리가 뭐 잘못한 건 없지만 미안한 마음, 그리고 그분들의 아픈 마음을 우리가 알기 때문에 어느 정도는, 그리고 우리가 아프다고 막 '우리도 아픕니다' 이 얘기하고 싶지 않더라구요. 그분들 아픈 거랑 우리들 아픈 거는 다르잖아요, 다르다구요. 근데 이제 유가족 어떤 분이 그러시더라구요. "그래도 잘못된 건 잘못된 거니까 치료비 받을 건 받아야 되고 문제가 있는 건, 고칠 건 고치고 같이 좀 그렇게 하자"고 그 말 참 되게, 그 말이 참 고마웠고, 그게 계기가 돼서 잠수사분들하고 유가족 그 집행부 몇 분들하고 만났어요, 올 초에, 2016년도 초에, 그러니까 얼마 안 됐죠. 그러면서 저희들도 '진상 규명을 꼭 해야 된다'고 생각을 하고 있고, 그거에 대해서 "어떤 도움이 되겠다면 저도 저희도 최대한 잠수사 일동은 모두 하겠다". 그리고 유가족분들도 "잠수사 하신 분들도 구조하다 다친 건 피해자입니다. 그거에 대해서 적정한 치료비를 받아야 되는 거는 당연한 것이고 그러니까 서로 힘을 합치자"고 그런 얘기가 오가면서, 인제 쪼끔 서로 간에 불편, 불편했다고 하나? 그런 게 조금 없어지기 시작을 했어요. 해서 저희도 미안한 마음이 좀 없어졌죠, 좀 수그러들었고.

또 그런 얘기를 하시더라구요. 유가족분들도 "자기들도 생존자 가족들도 만난다"고, 그런데 "생존자 가족들도 유가족분들 보시면 그렇게 미안해하고 그렇게 한다"고, 그래서 "그러지 말라"고, "그 아이라도 살아서 얼마나 다행이냐"고 그런 말씀을 하시는데, 진짜 '아유 고맙다'는 생각이 들더라구요. '고맙고 정말 고맙다'는 말밖에 생각이 안 나더라구요, '아, 고마우시구나'. 그러니까 '참 많이 아파 보니까 그런 그런 생각도 하시는구나'. 그래서 그 얘기에 그 미안했던 마음도 좀 없어지고, 좀 사그라졌고, 자주 좀 만나 뵙고, 또 도움이 된다면 잠수사 입장에서 생각하고. 도움이 되고 있을 거라고 생각을 해요, 저희도. 그래서 "이번 기회에 자주 좀 보면서 힘을 합치자"고 인제 그렇게 됐죠.

면담자   이제 거의 인터뷰 마무리인데요. 진도에서 다시 일상으로 돌아오신 이후의 삶에 대해서 더 보완하거나 이야기하고 싶으신 게 있으면 무엇이든지 해주세요.

김상우   얘기 어느 정도 한 거 같은데요, 처음에 이제 저는 이제 정부나 국가가 좀 적극적으로 제대로 좀 해줬으면 좋겠어요. 억지로 하는 거 말고 진짜로 정말로, 정말로 하고 싶어서 하는 거같이 제대로 좀 진상 규명도 시원하게 해주고, 그리고 제가 볼 때는 지금 국민들하고 유가족들하고 괜히 싸움 붙이듯이 이간질하는 거같이 맨드는, 모양을 만드는 게 저는 참 그게 참 '잘못됐다'고 봐요. 유가족들 집행부가 하는 말이 진짜 말인데, 그 외에 다른 사람들이 하는 얘기를 듣고 무슨 "돈을 더 받고 싶어 한다"는 둥 무슨 국가의 뭐 이상한 얘기들 많은데, 그런 얘기들을 국민들한테 흘려서 국민들은 또 반감을 사게 만들고, 유가족분들하고 국민들하고 괜히 안 좋게 만드는 이상한 이간질같이 그런 모양새를 만드는 자체가 참 국가로서 하기 창피한 짓이지 않나…. 물론 국가가 그렇게 일부러 하지는 않았겠지만 그런 언론매체가 있으면 그거를 못 하게 해도 시원찮을 판에 그거는 정말로…, 그래서 그 부분을 좀 이렇게….

정말로 유가족들이 원하는 거는 딱 진상 규명 하나더라구요. 그냥 어떻게 이렇게 된 건지, 응? 사건 전말에 대해서 알고 싶은 거뿐이지 다른 거 없는 건데, 다르게 막 이상하게 와전해서 뭐 뭘 원하는 거 있느냐 이렇게 좀 맨들지 말고, 국민들도 그 마음을 진심을 알아주고…. 본인 자식이고 본인 가족이면 어떻겠냐고? 더하면 더했지, 덜하지 않겠지 않겠냐고? 그리고 '이게 다음에 또 이런 일 일어나면 그때는 누구 가족이 될지 모른다'고 전 정말로 경고하고 싶어요, 또 이런 일이 일어날지 모른다고 이런 시스템이라면. 해경이, "민간 잠수사 없이 자기가 하겠다고" 지금 SSU 가서 잠수를 배우고 있어요, 장비도 도입했고. 그게 한 달, 두 달 안에 될 거 같습니까? 그게 5년, 10년은 걸립니다. 왜냐하면 장비만 들어오고 교육만 한다고 될 게 아니라 그만큼 경험이나 숙달이…, 많이 해야 되거든요. 앞으로 향

후 몇 년간은 이런 일 일어나면 또 이럽니다. 그러면 해경에서는 나 같은 일했던 사람 몇 명을 또 적어놨겠지. 더 많이 해놔야겠지. 장비를 더 많이 준비해 놔야겠지, 딱딱. 이런 일이 일어나면 안 되겠지만 준비는 해야지요. 해경은, 해경의 이름만 야채 가게가 이름 바꿔서 채소 가게 된다고 그거 똑같은 가게 아니냐구, 내용이 바뀌어야지.

해경은 그렇게 했으면 좋겠고, 그리고 일반 공무원들한테도 하고 싶은 말이 국민들이 아파서, 다쳐서 뭐 이렇게 얘기를 하면은 그 입장에서 좀 생각을 해줘서 해줘야지 "법이 미약하다"고, "법이 없다"고 무조건 짤르면은 그것도 공무원이 할 자세는 아니라고 생각해요. 공무원분들, 저희들 몇 번 그거를 치료 때문에 만나봤는데, 진짜 너무 서운한 게 많더라고 답답하고. 뭐 이 정도 얘기하고 싶습니다.

14
개인적인 꿈

면담자   김상우 잠수사님 같은 분들이 4·16 이후에 새롭게 하고 싶은 일, 이런 걸 더 발견해서 행복하게 살아야 좋은 나라 아니겠습니까? (김상우 : (웃음)) 마지막에는 개인적으로 꼭 하고 싶은 일이 뭔지 이런 게 궁금합니다.

김상우   글쎄요. 그렇게까지, 뭐 내일 코앞을 걱정해야 될 상황에서 뭐 그렇게 미래까지 크게 생각한 적은 없는데, 일단 잠수사들 일, 좀 잠수사로서 해결되길 바라고, 또 세월호 진상 규명되길 바라고, 그럴 때까지는 아마 그 일 좀 매진할 거 같습니다, 어느 정도는. 그리고 제 개인적으로도 일을 조금씩 이제 해야지. 또 생업은 또 생업이니까 준비해서 가야 되는데, 나중에 최종적으로는 큰 설계라는 거는 없는데 저는 어차피 물에 있는 사람이니까 물에 관련해서 어떤 안전 수칙 같은 거 CD로, CD나 어떤 무슨 책까지는 아니라도 그런 거를 좀 이렇게 무료로 배포하고 싶어요, CD 같은 거. 그래서 일반 해양, 그러니까 내가 CPR[심폐소생술]을 할 줄 몰라도 눈으로 한 번 보면은 '아, 저렇게 하는 거구나', 모르는 거보다 나을 것이구, '아, 파도가 칠 때는 바다에서 어떻게, 배에서는 어떻게 해야 되구, 강물에서는 어떻게 해야 되구, 아 수영장에서는 어떤 거' 그러니까 그냥 간략하게 몇 가지만 알고. 10분, 20분이면 될 거 같거든요, 그런 얘기들은. 그런 화면으로 해서, 이렇게 해서 그런 거를, 그냥 저 미래까지는 아니지만 원하면 제가 그런 교육도 하고 싶고…. 그런, 우리 잠수사들 모임에서 그 얘기가 나왔거든요. 어떤 안전한 물놀이 내지는 야외 활동, 물에서의, 그런 걸 위해서 그런 안전[교육] CD를 하나 만들어서 그냥 배포하는 것도 의미 있지 않을까 해서…. 큰 미래적으로 지금 얘기하는 건 아니고 그런 거부터 시작을 하나하나 해서, 어차피 물에 관련된 사람이니까 물에 관련 돼서 어떤 좋은 일이 있다면은 하고 싶어요.

면담자　　　네, 오랜 시간 동안 많은 이야기를 잘해주셔서 정말로 감사드리고요. (김상우 : 네, 네) 결국은 안전 사회에 대한 과제인데, 자기 전문성을 갖고 함께 노력하는 삶 살아가시기를 응원하겠습니다.

김상우	네, 알겠습니다.
면담자	이상으로 구술을 마무리하겠습니다.
김상우	네.
면담자	네, 고맙습니다.

2회차

2020년 5월 6일

1
시작 인사말

면담자   본 구술증언은 4·16 사건에 대한 참여자들의 경험과 기억을 기록으로 남김으로써 이후 진상 규명 및 역사 기술에 기여하고자 합니다. 지금부터 잠수사 김상우 씨의 증언을 시작하겠습니다. 오늘은 2020년 5월 6일이며, 장소는 서울 강남구 테헤란로 송강빌딩에 있는 김상우 씨 지인 사무실입니다. 면담자는 김익한입니다.

2
근황

면담자   4년 만에 뵙습니다. 오늘 구술의 상황 설명을 드리고 시작하는 것이 옳을 듯해서 말씀을 좀 드리면, 저희가 책을 출간하는 작업을 하다가 잠수사님의 녹취 전사본을 보니까 책 한 권으로 출간을 하기에는 너무 짧게 구술을 했더라고요. 그래서 추가로 구술을 부탁드리게 된 것이 오늘 뵙게 된 첫 번째 이유고요, 두 번째는 참사 6년이 지난 지금의 시점에서 잠수사님들의 삶의 실제, 생각의 변화 등등을 기록으로 남기는 것도 참 의미 있겠다는 생각이 그 이유였습니다. 흔쾌히 구술에 응해주신 점 감사드리면서 구술증언을 시작하도록 하겠습니다. 먼저 요즘 어떻게 지내시는지를 간단하게 말씀해 주시면 좋겠습니다.

95
·

김상우　　요즘 대한민국 사람들 다 그렇겠지만 몇 달 동안 다 그냥 밖에 안 나가고 사무실이나 집에 있었겠죠. 저도 비슷한, 뭐 외출 안 하고 주로는 집에 있으면서, 병원 좀 다니고, 그 외에는 집에 있었습니다.

면담자　　병원 다니신다는 건 어떤 걸 말씀하시는지요?

김상우　　트라우마 치료하고 그담에 저, 그 세월호 현장에서 다쳤던 목이 지금도 계속 좋지 않아서 물리치료 내지는 도수 뭐 그런 치료를 받고 있어요.

면담자　　그게 2014년 6월이었죠, 목 디스크 수술받으신 게?

김상우　　6월 달에 나와서, 6월 24일 날 나와서 수술은 7월 달에 받았죠.

면담자　　아 7월 달에…. 그럼 수술받으신 지 2년이 되었는데.

김상우　　아니죠?

면담자　　아, 아, 6년이 되었는데, 그 목 디스크 상태가….

김상우　　계속 좋았다 안 좋았다…. (면담자 : 그러시군요) 목에 핀을 박았는데 어떤 때는 좋고, 어떤 때는 안 좋고 그런 상황인 거 같애요.

면담자　　트라우마 관련해서는 주로 어디를 다니시고 계신 건가요?

김상우　　원래 인천의료원에 잠수사, 동료 잠수사 소개로 인천

의료원에 김하경[정신의학과 과장] 선생님께 받았는데, 그분이 작년에 "외국으로 1년, 2년 가 있으셔야 한다"고 해서, 그래서 안산에 온마음센터라는 데가 있습니다, 트라우마 치료하는 곳으로. 그분들 소개로, 강남, 제가 집이 강남이다 보니까, 영동세브란스병원, 강남에, 거기 석종호 교수님이라고 "저희 잠수사들한테 관심이 있다"고 그래서 그분한테 한 1년 정도 다니고 있어요.

3
김관홍 잠수사 사망과 김관홍법에 대한 아쉬움

면담자   김 잠수사님과 1회차 구술한 지 거의 4년이 흘렀습니다. 그사이에 일어난 일 중 몇 가지를 짚어보는 이야기를 먼저 나누고 싶은데요, 우리 구술한 직후에 김관홍 잠수사님이 돌아가셨어요. 참담한 심정이셨을 거 같은데…. 우선 연락을 어떻게 받으셨어요?

김상우   동료 잠수사한테 연락을 받았죠. 잠수사한테 연락을 받았고…, 사실은 반은 예견을 했어요, 반은. 그 뜻이 뭐냐면, 당시에, 사실은 저희가 공개하지 않았지만, 2015년도에 자살하신 잠수사가 한 분 계셨어요. 가족이 원하지 않아서 공개를 하지 않았고, 어, 그러니까 일반 사람들은 모르시죠. 그런데 그 1년 뒤에, 2016년도에 이제 관홍이가 하늘나라로 갔는데, 사실은 2015년도에 한 분 돌아가셨을 때, 그때에 우리 잠수사들이 좀 동요가 됐어요. 그래서 제일 위험했던 선배, 뭐 황병주, 강유성, 한재명, 관홍이, 이렇게 몇 명 또 있는데 하여튼 그분들이 불안했어요, 좀. 내 속으로 생각에, '아, 이분들이 좀 집중적으로 관리를, 좀 부탁을 어디다 해야 되겠다'고 생각했는데, 그 당시만 해도 트라우마 치료라는 그게 크게 별로 없었고, 우리를 받아주는 데도 없었어요.

또 그 당시만 해도 해경이 저희 치료를 해줬다가 정지했다가, 해줬다가 다시 정지했다가. 근데 언제까지 나으라고 하면 낫는 게 아니잖아요, 병이라는 게, 특히 트라우마라는 게, 외상도 그렇지만. 그러는 과정이었으니 우리가 어딜 가겠어요, 자비로 가기도 힘든 상황이고. 그래서 아마 그때 만해도 전남대병원 다녔을 거예요. 얼마나 멀어요, 서울서 갈려면. 그래서 몇 명이서 팀을 짜서 다녔던 거로 알고 있었단 말이에요. 그러면서 황병주 잠수사는, 예전에 [1회차 구술에서] 말을 했는지 모르겠는데, 유서도 썼어, 유서도. 그걸 저한테 "주고 갈라고 했다" 그러더라고. 그것 좀 되게 불안했죠. 그래서 온마음센터라는, 그 트라우마센터 그분들한테 "몇몇 분들은 좀, 좀 집중적으로 관리를 해줬으면 좋겠다" 부탁도 했어요.

그러고 있는 그 시점에 관홍이가 하늘나라로 간 거예요. 그러니까 잠수사들 다 다시 또 동요가 되고, 울고, 미안한 마음이 크고…. 왜냐하면 같이 또 병원도 다녔던 사람들인데, 이건 또 같이 잠수하는 거하고 또 다른 부분이더라고요. 왜냐면 같이 병원을 다녔으면 같이 나을려고 다녔을 거 아닙니까, 치료가 될려고 같이. 근데 누구 하나가 하늘나라로 가니까 막 다 동요되고…. 그 당시에는 난 같이 트라우마 치료 같이 안 다녔는데도 나도 동요가 됐는데, 나도 진짜 관홍이한테 미안하고, 잘못한 건 없는데 그냥, '한 번이라도 더 만나

줄걸' [하는 생각이 들더라고요]. 유일하게, 관홍이가, 서울에 사는 사람이 나였기 때문에 내가 자주 만났어요. 관홍이한테, 나약해지면 혼도 내고 힘도 주고 같이 소주도 기울이고, 제가 1살 형인데, 하여튼 그러면서 저는 걔한테 더더욱 더 감정이 좀 있죠, 미안한 부분도 있고. 애들도 다 알고 와이프도 알고 그런 상황이라서…, 가면 안 되는 놈인데, 애가 셋이나 있고…. 지금도 그렇지만, 좀 있으면 또, 관홍이 또 그 날짜가 돌아오지만, 하여튼 그때 잠수사들 제일 힘들었던 거 같아요.

면담자　　　기억이 좀 가물가물합니다만, 그때 은평구에 서울서 북병원인가에서 장례식을 했죠? 그때 어떠셨어요, 심정이.

김상우　　　그러니까요. 일반적으로 사람들이 다 많이 슬퍼하시더라고요. 잠수하다 돌아가신 거하고 또 다르잖아요, 나와서 회복 도중에 돌아가신 거니까, 하늘나라 간 거니까 회복이 안 돼서. 사실 정부가 할 거를, 못 한 거를 우리가 했으면, 우리가 다쳤으면 우리를 좀 치료를 해주는 건 당연한 건데 왜 그런 시스템이 없었나 하여튼 그런 게 좀 아쉬웠고…. 관리를 좀 더 해줬으면…. 그래서 그 이후에 박주민 의원이 김관홍법이라는 거를 만들었어요. 그게 인제 세월호 특별법에 승선자나 승선자 가족들 이외의 사람들이 피해자에 포함되지 않았기 때문에, 그런 취지에서 만든 거거든요. 쉽게 이야기해서 이런 게 되어 있어야 민간 구조자가, 꼭 바다가 아니고 산이고 어디든 간에, 공무원들이 하지 못하는, 정부가 하지 못하는 일을 급할 때는 해야 될 거 아닙니까? 그때 발 벗고 뛰어나가게끔 할려면 이런 치료라든가 치료 지원 같은 게 제대로 돼야 그게 우리가 말하는 선진국인 거죠. 외국은 그렇게 돌아가고 있단 말이에요.

근데 우리나라는 몇 달 딱 치료해 주고 그다음부터는 "치료 안됩니다", 그건 말이 안 되잖아. 2014년도 겨울에도 그랬어요. 12월까지 나으래, 그때까지 안 오면 치료 안 되겠대. 2015년도 1월 달에 우리가 또 항의를 했지, "아니 좀 연기를 해줘야 되지 않겠냐? 어떻게 이게 며칠 만에 나아질 수가 있겠냐, 병이란 게". 그래 가지고 또 연기되었다가 다시 치료 지원이 끊겼다가…, 이렇게 세 번을 했어요. 지금까지 그렇게 되고 있는데, 그러니까 그런 과정에서 얼마나 스트레스를 받았겠습니까, 또 투쟁해야 되는데.

면담자　　　치료 지원 기간이 지금 언제까지로 정해져 있나요?

김상우　　　제가 알기로는 2024년인데 확실히 모르겠어요, 이후 어떻게 될지. 어쨌든 그래서 박주민 의원이 김관홍법을 만들었어요. 그래서 발의를 해서 농해수위[농림축산식품해양수산위원회]에서 통과가 되고, 그랬는데, 될 줄 알았는데…. 농해수위에서 다 검토를 했겠지. 근데 법사위[법제사법위원회] 올라갔더니, 법사위 그 당시에 인제 자유[한국]당, 그 당시에 자한당 그 어떤 누구 의원이 "아니 이 사람들 다 치료 지원 받았는데 왜 또 뭘 해줘야 되냐? 이건 아니다"[고 반대를 했나 보더라고요]. 수난구호법에 보면, 우릴 치료해 주는 건 맞아요. 근데 처음에 해수부장관이나 청장이, 해경청장이 "산재만큼은 해주겠다" 했어요. 근데 이 수난구호법에 들어가 보니까 되게 함정이 많은 거예요. 죽거나 장애를 입은 자만 해주게 되어 있어. 우리보고 장애 안 입었다고 안 해주는 거야. 그래서 1년 뒤에 그 법이 또 바뀌었어, 바꿔줬어요, 한참이 걸렸지. 2017년돈가 그때 "사망하거나 다쳐도 해준다"라고 치료 지원[을]. 근데 안에 세부적으로 들어가 보면, 또 [실제로는] 장애[수준의 피해]를 입어야만 어떤 혜택, 어떤 지원이 되게끔 그렇게 되어 있더라고, 세부사항이. 그러니까 이름만 바꾼 거지 안에 세부사항은 안 바꾼 거야. 거기에[는], 관련된 잠수병도 없고, 트라우마도 없고, 뭐 그렇더라고요. 그러니까는 우리한테 딱, 산재로 했으면은 예를 들어서 이만큼이 등급이 나와야 되는데, 수난구호법으로 하니까, 수난구호법을 수상구조법[수상에서의 수색·구조 등에 관한 법률]으로 바꿨어요. 수상구조법을 보니까 3분의 1 수준밖에 안 되는 거야. 거기에[는] 또 골괴사 같은 큰 중병이 잠수병 중의 하난데 그것도 빠져 있고, 아예 그건 지금까지[도] 지원이 안 되고 있고, 그러니까 인제 수난구호법에 함정이 많은 거죠.

그러니까 그거 받고 "지원받았다" [자한당에서] 그렇게 이야기하는 건데 사실은 그건 아니거든요, 잘못된 거고. 그래서 '제대로 된 치료 지원을 해줘라. 해줘야 되지 않겠냐' 그런 생각에 이제 김관홍법이라는 걸, 이제 쉽게 이야기해서 박주민 의원이 이렇게 발의했는데, 이거는 여야를 떠나서 [만들어야 하는 법이거든요]. 그리고 지금 잠수사들 많이 아픈 사람이 10여 명 되는데, 수백 명이 되는 것도 아니고. 그리고 이런 거는 여야를 떠나서 좀 해줘야, 그 앞으로도 '아, 잠수사들이 다쳤는데 이렇게 치료를, 나라에서, 정부가 못 하는 걸 [한 거니까], 이렇게 치료라도 잘해주는구나' 해야 또 민간 잠수사가 어떤 의로운 일을 할 수도 있고, 누가 또 잠수사가 아니더라도. 그런 게 제대로 된 나라고 제대로 된 정부지, 그냥 써먹고 버리는 식으로 지금 시스템이 그런 거 같애요.

관홍이도 죽기 전에 그런 말을 했어요, "우리 써먹고 버린 거 같다"고요, "자존감 떨어지고 슬프다". 그래도 한때 잘나가던 잠수사로 돈 잘 벌었는데, 지금…. 관홍이는 좀 많이 아팠어요, 소변 조절도 안 되고 디스크에다가. 그러니까 잠수 일은 당연히 못 하고 일반적인 일도 못 하는 거지, 트라우마 심하고….

면담자　　　김관홍 잠수사님이 그런 말을 했었지요, "국가에서 재난이 나면 우리를 부르지 마라".

김상우　　　그런 말을 했었죠. 왜냐면 이렇게 할 바에는 부르지 말아야지, 이렇게 치료를 똑바로 안 해줄 거면.

면담자　　　김관홍법은 현재는 어떤 상태에 있습니까?

김상우　　　계속 계류 중이에요. 이제 20대 국회 끝나면 없어지는 거죠, 21대 국회 때 누가 할지는 모르겠지만…. 그렇게 지금 4년이 지나갔어요. 기대를 했는데, 아…, 진짜…. 그러니까 정부가, 문재인 정부가 들어선다고 뭐 기대를 조금은 그래도 가졌었는데, 변한 건 없더라고요.

면담자　　　김관홍 잠수사님 장례식 때 이야기를 좀 더 하려고 하는데요, 시민 단체에서 주관을 하는 느낌이었지, 잠수사님들이 나서서 장례식에서 뭘 하는 느낌은 안 들었었거든요? 저는 잠수사님들이 '상주' 입장에 있지 않았을까 했거든요. 그때는 잠수사들의 공동

행동이라든지 하는 것이 아직 체계가 좀 덜 잡힌 상태였나 보죠?

김상우   근데 뭐 그때 어떤 [형식의] 장으로 하는지 그게 뭐 저희한테야 얼마나 중요한 의미가 있었겠어요. 동료를 잃은 사람인데 그게 그렇게 크게 눈에 보이지도 않고 그냥 슬픔에 [장례식장으로] 간 거니까…. 그게 또 장례식이 화려한들, 뭐 조촐하게 한들 그거 뭐 의미가 있겠습니까. 그리고 또 관홍이 가족분들이 계시니까…. 또 아까도 이야기했지만 관홍이한테 좀, 먼저 보낸 게 너무 미안해했다고나 할까 다들, 그러니까 다들 나서서 씩씩하게 할 그런 부분이 없더라고요. 그냥 계속 그냥 우는 사람도 많았고, 괴로워하는 사람도 많았고, 그 앞에서 일 보기도 힘들었던 거 같아요.

면담자   좀 크게 본다면 김관홍 잠수사님의 죽음이란 '희생자들을 뭍으로 올리기 위해 혼신의 힘을 다했던 잠수사들의 장례식이다' 뭐 그렇게 생각되는 측면이 있거든요. 근데 그때만 해도 아직 잠수사들이 자기 문제를 해결하는 데도 정신이 없어서….

김상우   자기 스스로도 버거웠던 거지, 관홍이 먼저 보냈다는 마음에…. 그랬던 거 같아요.

4
4·16민간잠수사회

면담자   그 이후에 그런 문제의식을 가지고 잠수사들이 좀 더 이렇게 모여서 공동 대응을 하자라든지 뭐 이런 움직임이 좀 있었습니까?

김상우   네, 있었습니다. 그래서 또 다시…, 그때 당시만 해도 두 분이 벌써 하늘나라로 가셨기 때문에, 잠수사들을 또 하늘나라로 보내는 이건 아니니까, "우리라도 좀 그런 소통도 좀 많이 하고 서로 좀 근황도 자주 묻고 알고 하자" 그래서 저희 세월호 잠수했던 잠수사들이 4·16민간잠수사회라고 지칭을 해서 그 모임을 만들었죠.

면담자   그게 언제 정도이신지 기억을 하십니까? 김관홍 잠수사님이 돌아가신 게 2016년 6월이었는데 그 이후에….

김상우   2016년 그때 전부터도 있었어요. 있었는데 본격적으로, 그 전에는 회비도 걷고 그런 것도 없었고, 그냥 전화 되면 보고 아니면 말고 그랬었는데, 그 이후에 이제 좀 체계적으로 회비도 걷으면서 힘든 사람 있으면 도와주기도 하고 정기적으로 모임도 갖고, 어떤 이런 체계를 만든 건 관홍이 사망 이후에죠.

면담자   2016년 여름 그 무렵에 공식화한 거네요. (김상우 : 네, 네) 물론 그 전에 있었던 모임을 더….

김상우   이름도 그때 바꾼 거죠, 4·16민간잠수사회라고. 그 전에는 세월호 잠수사들 이렇게만 했는데, 관홍이 사망 이후에 "이름을 좀 징확히 정하자" 해서 4·16민간잠수사회.

면담자   구성이 어떻게 되어 있습니까?

김상우   저희 세월호 때 잠수했던 사람들, 근데 그중에서도 왔다가 간 사람들, 하루 있다 간 사람들, 3일 있다 간 사람들, 그런 사람들도 꽤 있으니까, 최소 한 달, 두 달 이상 하신 분들, 그렇게 따지니까 한 25명 정도 되더라고요. 그래서 지금은 한 6년 정도 시간이 지났으니까, 탈퇴하신 분들도 계시고 돌아가신 분들도 계시고. 그래서 지금 이렇게 이렇게 해서 18명 정도 이렇게 있습니다.

면담자   회장님은?

김상우   공우영 잠수사님이 회장님이시고, 황병주 잠수사님이 부회장이시고, 조준 잠수사님이 감사로 계시고, 이상진 잠수사가 총무고, 제가 주로 일을 보지만 형들이 타이틀이 있는 게 좋을 것 같아서 저는 그냥 간사로 있습니다.

면담자   그럼 보통 1년에 네 번? 세 번 정도 모이십니까?

김상우   그때그때…. 잠수사들이 아무래도 현장에서 잠수하는 사람들이 아직도 있으니까, 못 하는 분들도 계시지만 하는 사람들도 있으니까, 아무래도 여름에는 바쁘니까 잘 못 모이고, 겨울에 잠수 일 잘 안 할 때라든가 뭐 장마철, 태풍이 올 때라든가, 우린 그러면 잠수 일을 못 하니까, 그래도 많은 인원이 모이기 위해서 날짜를 그렇게 맞춰갖고 대전이나, 서울에서 큰 행사가 있을 때는 서울에서 보고, 안산에서 보고, 평상시 행사가 없을 때는 대전, 중간에서 [모이고 그래요]. 왜냐면 다들 포항, 울산, 마산, 뭐 전라도 이렇게 바닷가에 멀리 있으니까 대전 정도에서 모이고 하죠.

면담자   김관홍 잠수사님의 죽음이, 참으로 안타깝고 우리 모두가 죄송한 일이지만, 한편으로는 잠수사님들에게 이런 거를 좀 하라는 메시지를 준 측면이 있으실 것 같아요. 아까 "챙겨주지 못해서 아쉽다"는 말씀도 하셨지만, 기본적으로는 국가가 돌보았어야 하는 거잖습니까? 그런 점과 관련해서 4·16민간잠수사회는 어떤 생각을 하시고 어떤 일을 해야겠다고 계획을 세우고 하셨어요?

김상우 　　그게 인제 김관홍법을 만들어서, 아까도 말씀드렸지만 우리 잠수사들끼리의 인제 서로 도움 주고 관리해 주고 하는 게 한계가 있고, 경제적으로는 또 그렇게 하는 게 힘들잖아요. 일단 잠수 일을 못 하고 지금 치료도 지원이 안 되는 부분도 있거든요, 골괴사 같은 경우는. 그런 분들은 많이 힘들죠, 경제적으로도 힘들고 정신적으로도 힘들고…, 백수 생활을 하고 있으니…. 그래서 그런 분들 때문에 "정부에서 좀 지원을 좀, 관리를 좀 해달라, 치료도 좀 해주고", 그래서 김관홍법이라는 걸 발의를 한 건데, 그게 여전히 안 되고 있죠.

　그니까 거기에 제가 좀 덧붙여서 이야기하면은, 치료가 안 되는 부분이 제일 무슨 부분이냐 하면은 골괴사라는 병이에요. 골괴사라는 거는 뼈가 썩는 병인데, 그게 처음에는 해경이 "해주겠다"고 했어요. 그래서 한 분이 수술을 받았단 말이야, 세월호[에서 잠수하고] 나와서 바로. 근데 별안간에 "안 된다" 그래 갖고 여덟 명 중에서 나머지 일곱 명은 수술도 안 해주고, 치료도 안 해주고, 총 여덟 명인데 지금까지도 치료가 안 되고 있는 거예요. 그래서 저희가 "왜 안 되냐?"고 물어봤더니 "골괴사가 오랜 시간이 지나야 나타나는 거기 때문에 세월호로 인한 것이라고 입증할 수 없다" 그랬어요. 근데 저희가 입원했을 때 그 병원 의사가 "골괴사는 잠수한 내용을 보니, 세월호 때 잠수했던 그걸 보니, 여기서 갑자기 발생할 수도 있고, 잠수가 환경이 너무 안 좋았기 때문에, 그리고 먼저 발병했어도 더 악화될 수 있다. 그럴 가능성이 크다. 그것만으로만 보더라도 정부에서 치료 지원 해줘야 한다"라고 했단 말이죠. 그래서 해경이 처음에는 "오케이"를 해가지고 한 분을 수술을 시켜줬단 말야, 급한 사람을. 근데 그다음부터, 몇 달 지나서부터 "안 해준다"는 건 또 뭐냔 말이야.

자기들 입장은 그거야. "오랜 시간에 걸쳐서 발병을 했기 때문에 걸려서 [세월호 현장에] 왔다" 이거지. 그래서 안 해주겠다는 거지. 그럼 뭐예요? 우리 환자를 쓴 거 아냐, 바꿔서 이야기하면. 그럼 우리 환잔데 왜 거기서 일을 시켰어? 그것도 잘못된 거 아니냐고. 그리고 통상적으로 산재를 보면 골괴사는 마지막 잠수 현장에서 보통 거기서 걸리면 거기서 치료를 해줍니다. 우리 마지막 현장이 세월호기 때문에 다른 현장을 갈 수가 없어요. 왜냐면 골괴사가 판명이 났기 때문에, 환자기 때문에. 저도 디스크 수술을 해서 어디 갈 수가 없는 게 다른 현장에서 안 받아주는 거거든요. 골괴사면 또 [받은] 그 현장에서 산재 받는 거로 될 수가 있으니까 어느 현장에서 그걸 받아주겠냐고, 안 받아주지. 여기서 짚고 넘어가야 할 부분인 거죠. 근데 여기서 안 짚고 넘어가고 그냥 논리로, 그냥 무조건 "오랫동안 잠수를 해야만 나오는 거고, 세월호와는 연관이 없다"고만 계속 못을 박는 거야. 그래서 지금 재판을 하고 있어요, 여덟 명에서. 재판 중입니다.

면담자   아, 그 여덟 분이 국가를 상대로 재판을 걸었네요.

김상우　　　근데 얼마 전에 또 1심에서 졌어요. 그래서 지금 2심 준비하고 있어요.

면담자　　　이게 지금 피해자가 피해 입증을 해야 지원을 받을 수 있는 시스템 자체가 문제인 듯하네요. 제도 자체를 근본적으로 좀 되돌아봐야 하겠네요.

김상우　　　그러니까요. 참…, 이런 걸로 재판까지 해야 되는…. 공우영 잠수사 때도 참 몇 년 동안 괴로웠는데 또 재판 이거 참….

면담자　　　그 골괴사 관련 재판에 대해서는 4·16민간잠수사회에서도 모여서 같이 논의도 하고 그럽니까?

김상우　　　그럼요.

면담자　　　언제 1심이….

김상우　　　4월 달에 끝났어요. 2년 전에 재판을 시작했는데 2020년에, 4월 달 중순쯤에 재판이 결과가 나왔어요.

면담자　　　패소를 했는데, 원고는 여덟 명의 잠수사, 피고는 누구인가요?

김상우　　　해경, 해경을 상대로 했죠.

면담자　　　아, 해경. 그렇네요, 해경을 상대로 하고 2018년 정도에 소를 제기해서 2020년 4월에 1심 판결이 났는데 패소를 했다 이렇게 정리를 하면 되겠네요.

김상우　　　2017년인지 2018년인지 정확히 모르겠는데, 하여튼

병주 형한테 물어보시면 알 거 같아요, 황병주 형한테, 관계자니까. 그 날짜는 정확하게 모르겠어요.

면담자   알겠습니다. 그리고 박주민 의원이 김관홍법 같은 거 만들 때나 소송 등에 도움을 많이 주셨을 거 같은데 주로 어느 잠수사분들하고 이야기를 많이 했어요?

김상우   김관홍 잠수사랑 친했어요.

면담자   그러면 김관홍 잠수사 등을 통해서 잠수사들의 현실 등에 대해 많이 알게 되었고 김관홍 잠수사가 돌아가시자 김관홍법 등 잠수사들을 돕기 위한 법제 활동 같은 걸 하셨던 거로 이해하면 되겠네요?

김상우   그리고 또 유가족분들하고도 잘 아니까, 유가족분들이 저희들 일에 대해서도 또 이야기도 많이 했고…. 그래서 유가족분들한테도 고마운 게 잠수사들 아픈 거를, 처음에는 [우리가 그런] 이야기를 안 했어요. 왜냐하면 '유가족들이 [고통과 피해가] 더 큰데 우리가 아픈 걸 이야기하면 될까?' 이렇게 생각했는데, 2015년경에 유가족들 몇 분이 우리를 "보자"고 하시더라고요. 저희는 그때만 하더라도 유가족분들하고 친하지도 않고 그럴 때라 좀 불편하잖아요, 저희들 보면 또 슬퍼하실까 봐. 근데 몇 분이서, 그때 기억나는 게, 준형이 아빠, 장훈 씨하고 오셔갖고, 장훈 씨, 박용우 씨 몇 분이 오셔서 저희들 만나면서, 대학로에서 만났는데, 잠수사들 거의 다 왔어요, 10명 이상. "잠수사들 아픈 거 얘기하시라"고, "저희들도 최대한 말씀드려 줄 테니까 잠수사분들 아프신 거 감추지 말고, 제대로 치료 지원 받으셔야 된다"고, 그렇게 해서 2015년부터 시작이 된 거예요. 저희들끼리 끙끙 앓다가, 그래서 좀 그분들한테 법으로라든가 투쟁하는 거, 어디다 이야기를 해야 되는 건지, 어디다 노크를 해야 되는 건지 저희는 방법을 잘 모르니까, 저희들은. 그래서 그때 유가족분들한테 도움을 많이 받았던 거 같아요, 지금까지도 그렇지만.

면담자   4·16민간잠수사회가 된 이후에는 가족협의회에서 어떤 큰 사안에 대해서 회의나 논의를 할 때는 잠수사님들이 같이 참여를 하시겠네요?

김상우   그럴 때도 있고 아닐 때도 있고. 어쨌든 큰 행사는 다 갑니다, 저희가. 다 오시지는 못하지만, 대표로 한두 명이라도 몇 명이라도 가고, 올해도 갔고 작년에도 갔고, 매년 저 같은 경우도 가지만, 또 중간중간에 광화문이나 시청이나 집회가 있으면 그리로 또 가고 해서, 1년에 5번에서 10번 이상 가족분들 본 거 같아요.

면담자   주로 누가 가세요, 잠수사들 중에서.

김상우   그래도 서울에 있는 분들이 많이 갔죠. 저나 황병주 잠수사나 관홍이 살아 있을 때는 관홍이도 많이 갔었고, 그다음에 서울, 경기 쪽에 있는 한재명이나 조준 잠수사, 공우영 잠수사, 그런 분들, 고 정도.

면담자   4·16민간잠수사회에서 해경을 직접 찾아가서 뭔가를 요구한다거나 하는 일도 있었습니까?

김상우   있었죠. 저희 해경에 직접 찾아갔었어요. 이춘재 당시

경비국장도 만났어요. (면담자 : 언제 이야기셔요?) 그게 3년…, 4년? 3년 전인가 김관홍 잠수사 사망 이후에, 저희 잠수사들 심사할 때였을 거예요, 치료 보상 해주겠다고 심사할 때. 그래서 "당신들이 산재만큼 [해주기로] 약속을 했는데…", 해수부장관도 지금 없고, 그때 뭐 청장도 지금 없고, 그런 상태에서 당시에 같이 잠수했을 때에 우리 잠수를 종용했던, 제일 지위가 높았던 이춘재 씨를 만났죠. 이춘재 씨를 만나서, 그분은 우리 잠수했던 거를 다 아니까, 그래서 그분을 직접 만나서 얘기를 했는데, 말로는 뭐 "최대한으로 다 하겠다" 하는데 결국은 뭐 그러면서 [골괴사 같은 거] 빼버리고, 제가 볼 땐 아주아주 최소로 치료 지원 하는 거예요.

5
수색에 참여한 이후 6년이 지난 지금의 심정

면담자   참 여러 어려움이 많으셨는데, 잠수사로서 수색에 참여하고 지금 6년이 지났습니다. 제가 1회차 구술을 한 게 2016년이었으니까 그 후로 4년이 경과했는데, 지금의 심정이랄까, 어떤 변화가 있는지 혹은 없는지를 포함해서 한번 말씀을 해주셨으면 좋겠습니다.

김상우   지금 우리 심정은, 6년이 지났잖아요, 그러니까 그 당시에는 뭐가 막 빨리빨리 안 되니까 답답하고 화나고 분노하고 정말 미치겠더라고요. 근데 이제 시간이 좀 지나니까는 사실 희망이 절망

이 되고, 절망이 다시 덤덤함으로 바뀌었다고 해야 되나? 근데 그래도 꼭 해야 될 거는 해야겠죠? 진상 규명이라든가 책임자 처벌 똑바로 다시 해야 되고. 왜냐면 또 이런 일이 일어나지 않기 위해서 해야되는 거예요. 저는 서해 페리호나 성수대교 그런 걸 다 갔다 왔기 때문에 또 다시 이런 시신 수습하는 잠수는 하고 싶지 않거든요, 구조하는 잠수는 해도. 그런 뜻에서 제대로 이게 돼야지만, 뭐가 돼야지만, 이게 앞으로 재발 방지를 위해서라도…. 근데 이게 급하다고 내마음대로 되는 게 아니더라고요. 법도 그렇고, 준비도 또 해야 되고, 혼자서 되는 것도 아니고, 그러니까 지금은 그냥 포기는 하지 않았지만 '시간이 걸리겠구나' 그런 생각들? 좀 덤덤하고 그런 마음이 좀 있어요.

면담자　　　혹시 1회차 구술 때 못 하신 이야기나, 그 이후에 새롭게 든 생각이나 뭐 그런 건 없으셔요? 공우영 잠수사 재판 이야기 들어가기 전에 마지막으로 듣고 싶습니다만.

김상우　　　제가 얼마 전에 친구랑 술 한잔 기울이면서 어떤 이야기를 하니까 "그 이야기는 처음 들어봤다"고 하더라고요. 그래서 제가 '그 이야기를 안 했었나' 그런 생각이 들어서 이야기를 하고 싶은 게, 제가 지금도 문득문득 생각이 나는 게, 제가 10여 구 정도의 시신을 수습했는데, 첫 아이가 지금도 기억이 나요, 그 얼굴도 기억나고. 왜냐면 그때는 며칠 안 됐기 때문에 형태도 온전했고, 또 그 격실 안에는 깜깜해서 안 보이지만 격실 바로 첫 번째에서 걔를 찾았기 때문에 또렷하게 지금 기억이 나요.

원래 저의 임무는, 위에서 공우영 잠수사가, 배 외각에 야외 사다리, 계단이 있어요, 계단. 그러니까 이 배가 옆으로 넘어갔으니까 배를 등지고 가다 보면 계단이 튀어나와 있을 거라고요. 그 계단을 넘어서, 현창을 다 깨서 수색을 했으니까, 그다음 격실로 들어가기 위해서 그 밑에 객실, 옆의 객실이지만 이게 옆으로 넘어졌기 때문에 밑의 객실이 된 거겠죠. "객실을 통해서 그 밑에 객실로 들어가서 거기서 구조를 해라, 수습을 해라, 거기서 찾아라" 이거죠. 그래서 계단을 넘어가고 있는데, 큰 창들은 다 깨갖고 찾았지, 근데 작은 창이 있는 거야. 그건 내가 들어가기도 정말 좁은 창이야. 나중에 세월호가 올라온 다음에 보니까 정말 창이 작더라고. 가로세로 한 30센티나 될까? 한 40센티나 될까? 근데 어둡지만 지나가는데 뻘건 게 쓱 하고 지나가더라고요, 창 안에. 거긴 창을 안 깼지. 왜냐면 거기로는 사람이 들어갈 수도 없으니까 아예 안 깼던 거지. 근데 그걸 확인을 안 하고 위에서[공우영 잠수사가] 시킨 걸 하면 안 될 것 같은 생각이 들어요. 그래서 위에 폰으로 이야기를 했지. 그랬더니 "창을 깨고 확인해 보라"고 하더라고. 망치로 창을 깨고 손을 더듬어서 보니까 아이가 잡히는 거예요. 근데 아마 덩치가 컸으면 못 나왔을 거예요. 되게 작은 아이였어요. 작았어도 빡빡하게 나오기 힘들었지만 어쨌든 온전히 그 아이를 빼는데 그 과정이 지금도 기억이 나고, 그 얼굴이 지금도 기억이 나요.

그러면서 "엄마한테 가자. 엄마가 보고 싶어 할 텐데 엄마한테 가자" 그렇게 해서 로프를 잡고 올라오는데, 로프를 보통은 한 손으로 잡고 올라올 수 없습니다. 두 손으로 해야 하나하나 올라올 수 있죠. 그러면 그 아이는 어디 있겠어요? 내가 자켓에 손을 끼고 안고 가는 거죠. 그러면 그 아이와 내가 얼굴이 맞닿아요. 항상 저희는 시신을 그렇게 수습하기 때문에 안고 옵니다. 한 손으로 시신 잡고 한 손으로 [로프 잡고] 이렇게 할 수가 없어요. 협소하고, 격실 안에는, 그다음에 어디 또 시신이 훼손될 수도 있고. 안고 오는 거죠. 그 아이와 내가 항상 얼굴이 맞대어 있다는 거죠. 모든 시신을 다 그렇게 해서 수습했는데, 그때마다 드는 감정이 그 시신이 '무섭다'고 생각해 본 적이 한 번도 없어요. 가엽거나, "엄마한테 가자", 학생이든 학생이 아닌 사람들도, 참 가엽잖아요, 살 수 있는데 돌아가신 게 되게…. 그래서 지금도 그 생각을 하면, 내가 꼭 껴안고 왔던 아이들이니까, 그 생각이 나고…. [1회차 구술할 때] 그 이야기를 안 했던 거 같아서 그 이야기를 하고 싶었어요. 다른 잠수사들도 그랬을 거 같다는 생각이 드는 거죠.

면담자　1회차 때 처음 수습한 아이에 대한 이야기를 하시기는 하셨는데, 지금처럼 그 감각이나 마음에 대해서 상세히는 안 하셨어요. 6년이 지난 지금도 김 잠수사님이 생생하게 그렇게 기억하신다는 건, 그 경험이 지금도 김 잠수사님의 몸에, 머리에, 마음에 그대로 마치 현재처럼 남아 있다는 걸 말해주는 것 같습니다. 지금도 그런 생각이 자주 나시나 보죠?

김상우　자주는 아니지만…, 예전엔 자주 났어요, 예전에는 그 아이뿐만 아니라 자주 생각났는데, 지금은 자주 나지는 않지만 가끔 생각이 나요. 2014년 15년, 관홍이 죽기 전까지 그 생각을 잘 안 하려 했는데, 어느 순간부터 잠수사들이 바뀐 게 뭐냐면, "그냥 슬프면 울고, 욕하고 싶으면 욕하고, 웃고 싶으면 웃고, 생각이 나면 생각을 하고, 뭐 자꾸 애써 없애려 하지 말고 그냥 우리 생활의 일부분으로 생각하면서 지내자"라고 했는데, '그게 오히려 더 낫더라' 하는 생각이 들어요. 저 말고, 저도 그렇고, 다른 잠수사들도 그렇고, 그냥 없 앤다고 없어지지도 않고, 그러니까 그냥 생각이 나면 또 나는 거고, 그렇게 또 지내는 거 같애요.

면담자　　　공 잠수사님 재판 이야기를 좀 했으면 하는데요. 재판이 완전히 끝난 게 언제죠?

김상우　　　제 기억으로는, (면담자 : 2심에서 승소한 때요) 2017년, 18년? 2018년일 거예요, 아마. (면담자 : 그때는 기쁘셨겠어요) 아휴…, 기뻤죠, 속 시원했죠. 매달, 그 광주, 처음에는 목포로 갔죠, 1심 때 는. 목포로 다니다가 광주로 다니다가 그러면서, 나는 그 우영이 형 이 재판석에, 피의자석에 죄 없는 사람이 서서 이렇게 손 모아서 이 렇게 있는데, 나이 든 선배가, 제 개인적으로는 군대 선배시지만, 옛 날에 참 멋있고 씩씩하시고 그랬던 분이, 법정에 서면 사람이 다 초 라해지잖아요. 죄인도 아닌데 뭐 죄인처럼 느껴지고, 그 모습이 너 무 싫고 짜증 나더라고요, 진짜 괴롭더라고. 우영이 형 그것 때문에 스트레스받아 가지고 쓰러지셨을 때도 있어요. (면담자 : 1심 끝나고?) 네, 1심 끝나고, 건강도 그래서 좀 걱정되고, 예순도 넘은 양반인데.

　　난 그 재판도 업무상 과실치산데, '우리가 왜 업무가 있을까? 봉 사하러 간 사람들인데', 업무는 해경에게 있는 거잖아요. 원래 감독

115
·
2회차

관이 책임을 지는 건 맞는데 우영이 형이 감독관이 아니었어요. 감독관이라고 하는 거는 모든 현장을 좌지우지할 수 있어야 되는 거거든요. 잠수사를 해경이 데리고 와서 공우영 잠수사한테 "집어넣으세요", 왜냐면 잠수사 중 제일 형이니까. 그래서 "잠수시키세요" 해서 잠수시켜서 잘못돼서 돌아가셨는데 공우영 잠수사가 도대체 뭘 잘못했는데? 공우영 잠수사가 데리고 와서 공우영 잠수사가 잠수를 시켰거나 뭔가 그랬으면 잘못이 있는 거지, 그게 정말로 감독관의 권한이니까, 옛날에 다른 현장에서는 감독관이었으니까 그랬는지 모르지만, 그 현장은 공우영 잠수사가 감독관 역할이 아니라고. 왜 [다른 현장과] 틀렸냐면[달랐냐면], 우리가, 잠수사가 올라와서 [배] 안의 사정을 해경한테 이야기하면, 해경은 배 안에 안 들어가니까 뭔지 몰라요. 그러면 중간에 그거를 풀어서 얘기를 해줄 사람이 필요해. 즉, 해석을 해주는 거지. 그 역할을 하신 거예요, 중간 미들맨 역할을. 그리고 해경이 공우영 잠수사한테 "이번에는 여기, 여기 잠수하세요" 이렇게 또 지시를 내리면 공우영 잠수사가 우리에게 전달해주고, 그 역할이었단 말이지. 근데 민간 잠수사가 돌아가셨으니까 민간 잠수사의 제일 형이 재판을 받는 거예요.

그리고 우리가 잠수를 한창 5월, 6월에 하고 있을 때 그때부터 준비를 하고 갔대, 해경은, 그래서 우리 7월 달에 쫓아내려고 계획도 다 세우고. 그냥 공우영 잠수사가 재판받으러 나가야 되는데, 감독관은 아니지만 그래도 현장에서 제일 맏형인데, 나가면 잠수사들이 동요돼서 나갈 거라는 걸 분명히 알았을 거 같애. 그래서 우리를 내쫓고 다른 잠수사들을 준비시켰던 거 같애, 지금 생각하니까. 그게 맞아요, 바지 안에서 우리를 그렇게 써먹고. 그러니까 참 배신감 느끼더라고요, 정말로.

면담자　　　그 감독관에 대한 해석의 면은 좀 정확하게 짚어볼 필요가 있을 것 같아요. 일단 공 잠수사님은 언딘으로부터 유성수중으로 연락이 가서, 말하지만 언딘이 불러서 현장으로 가신 거란 말이에요. 그런데 여기서 뭐가 확인이 되어야 하냐면 해경이 언딘한테 '잠수사를 고용을 해서 잠수를 해라' 이렇게 공식적으로 요청을 한 것인지, 그게 중요한 것 같아요.

김상우　　　아니에요, 그 시스템이 아닙니다.

면담자　　　만약에 언딘이 해경으로부터 수색 위탁을 받아서 유성 등을 통해 잠수사들을 모아서 수색을 한 거라면 잠수 행위에 대한 비용을 언딘이 내야 하는 거잖아요? 그렇다면 공우영 잠수사가 감독관의 위치에 있다고 볼 수 있는 건데, 그런 부분에 대한 정황이 좀 정확하게 증언이 될 필요가 있을 거 같아요.

김상우　　　그때 팽목에도 600여 명의 잠수사가 갔다고 그랬잖아요. 그런데 해경은 누가 잠수를 할 줄 아는지, 여기서 잠수를 할 줄 안다는 건 구조를 할 줄 안다는 거예요. 레포츠 하는 잠수사들은 거기서는 필요가 없어요. 거기서 레포츠를 하는 게 아니잖아요, 구조를 해야 하는 거지. 레포츠 하는 잠수사들이 감사는 하지만 그분들이 거기 들어갔다가는 큰일 난단 말이에요, 맑은 물에서만 잠수하고, 조류 없는 데서만 잠수하신 분들이. 거기는 그런 상황이 아니란 말이에요. 그러니까 누가 잠수를 할지 말지, 그중에 몇 명이나 구조를 할 수 있었겠어요, 물론 있기는 있었겠지만. 그거를 구별할 수가 없다는 거지. 해경이 [결국] 우리를 고용했지만, 나중에 동원명령서를 썼어요. 그걸, 정확하게 따지면 해경이 우리한테 연락을 해서 우리가 가는 게 동원명령서지, 그런데 우리가 먼저 간 다음에 나중에 명령서를 낸 거예요, 구색을 맞출려고.

어떻게 된 거냐면, 해경이 자기들이 해야 되는데 못 하니, 우리나라 샐비지 [중에서], 수난구조법에 [따른] 자격증을 갖고 있는 게 많지가 않아요. 그게 아마 언딘이라는 데가 있을 거예요. 그래서 해경은 언딘한테 연락을 할 수밖에 없겠죠, 자격증이 거기가 있으니까. 근데 언딘은 소속된 잠수사가 없습니다. 그러니 언딘은 누구한테 연락을 하겠어요? 과거에 잠수를 했던 회사한테 연락을 했겠죠. 그게 우리나라에서 유명한 회사가 88[수중]이나 유성[수중]이나 정석[수중]이라는 회사가 있어요. 공교롭게도 그 회사 사장들이 다 저 군대 선배들입니다. 그러니까 저희들은 다 대충 알죠. 근데 과거에 세월호 이후에, 아니 이전에 가장 큰 사건이 천안함 사건이었어요. 그때도 민간 잠수사가 일을 했습니다. 그때 간 잠수사 팀들이 유성수중하고 88수중이에요. 그러니 언딘에서는 해경한테 88이나 유성을 소개시켜 준 거겠죠. 그렇죠? 그래서 유성이나 88한테 연락을 한 건데, 그래서 유성이 연락이 된 거예요, 공 이사님이 유성의 이사님으로 계시고.

근데 거기도 잠수사들이 많지가 않아요. 이 잠수 업체는 잠수사들을 많이 데리고 있을 수가 없어요, 비용이 비싸기 때문에. 그러니까 그때그때 일을 맡았을 때 잠수사를 모집을 하는 거야. 우리는 평생 그 일을 했기 때문에 누가 그 일을 어떻게 했고 하는 거를 다 안단 말야. 그러니까 그때그때 모이는 거야. 그래서 공우영 잠수사한테 연락을 했겠죠. 공우영 잠수사한테 부탁을 했겠죠? "잠수사들이, 여기서 잠수를 할 수 있는 사람들이, 과거에 경력이 좀 있는 사람들이 왔으면 좋겠다" 이렇게 부탁을 했겠죠. 근데 아무도 안 가는 거예요. 왜냐면 자원봉사로 무료로 해야 되는데, 목숨 걸고, 자기 일 내팽개치고, 돈 잘 벌고 있는데, 간다는 게 쉽지 않잖습니까. 그러니까 몇몇 안 되더라고요, 그 인원이. 그래서 여기저기 전화를 한 거야. 하다못해 나까지 전화가 왔어요, 저도 며칠 뒤에 갔는데, 현장에 있던 후배한테 "여기 경험자가 필요한데 형 와줬으면 좋겠다"고. 사실 며칠만 하고, 인원이 충원되면 갈라 그랬어요. 그렇게 해서 자원봉사로 간 거예요. 있다 보니까 두 달이 된 거예요.

돈도 우리가 달라고 한 적도 없어요. 해경이 자기가 할 일을 우리가 하니까, 자원봉사를 한 달, 두 달 한다는 거는 그렇잖아요, 생업을 포기하고 왔는데. 그러니까 "수난구호법에 비용을 또 주게 되어 있다"고 하더라고요. 그래서 "얼마를 주겠으니 받아라" 해서 받은 거예요. 나중에 그게 문제가 돼서 의상자도 안 됐지만, '돈 받았다'는 이유로, 그렇게 됐어요. 그래서 그때 인원이 20명 정도가 돼서 잠수를 한 거예요. 나 처음에 갔을 때는 8명이 하고 있더라고, 그 큰 배를. 그건 아니잖아요. 그래서 더 인원이 충원이 돼서, 나중에 언딘 바지가 오고. 언딘 바지라는 거는 나중에 왔습니다, 나중에. 처음에는 안 오고 23일 날 왔어요. 거기는 챔버가 있는 바지예요. 그러니까 잠수를 전문적으로 할 수 있는 바지가 온 거죠. 그 전에는 금호 바지에서 잠수를 했는데 거기는 챔버도 없고, 그냥 바지예요. 그냥 맨땅에서 잠수했다고 보시면 되는 거죠. 그냥 바지에 아무것도 없는 거, 숙박 시설도 없고. 사람들[이] 먹고 자고 해야 되는데, 그러니까 문제가 많죠. 언딘 바지가 와서 그나마 숙식도 되고, 사람이 잠수했을 때 문제가 생기면 챔버를 들어가야 되는데, 챔버가 있다는 게 제일 중요하죠. 그렇게 해서 된 거지, 언딘이 뭐 개입되고 그런 거는 없어요.

우리는 국가에 그냥 개인 고용이 되는 거예요. 근데 그것도 종사 명령서도 [잠수하러 오자마자] 그때 나온 게 아냐. [현장에 와서] 그러고 나서 일을 진행하는데 5월 초쯤에 VIP가 온다는 거야, 현장에. 그래서 인원이 좀 더 많이, 잠수사가 많이 왔으면 좋겠대. 그러더니 여러 명을 모시고 오더라고. 그러니까 "왜 저 사람들만 잠수하냐? 우리도 잠수할 수 있다" 막 팽목에서 그랬을 거 아니에요. "그러면 해보시라 하세요" 했어요. 제 눈으로 정확히 [본 거만 해도] 20명도 더 왔어요. 그 사람들이 한 번 물속에 들어갔다가 그냥 나온 사람, 그냥 집에 간 사람, 안에 들어갔는데 들어갔는지 안 들어갔는지도 모르겠지만, 그냥 잠수하고 나온 사람, 하루 이상을 못 버티고, 그리고 시신 한 구도 못 찾았어요, 그 20명에서. 그럼 뭐야, 좋은 물때에 잠수 테스트 한 거밖에 더 되냐고 그 사람들. 테스트는 밖에서 하고 와야지. 좋은 물때에 우리는 한 구라도 더 찾아야 되는데, 저 사람들 욕하고 싶지는 않지만, '좋은 물때에 저 사람들 와서 테스트할 일은 없다. 빨리 한 구라도 더 찾아야 된다', 제 말씀이 맞잖습니까. 왜 거기서 테스트를 하냐고. 그래서 사람들, 자기들이 나가더라고, "아, 이거 정말로 힘들구나. 여기서 하면 안 되겠구나", 깨우치고 나가드라고. 아니

거기서 연습할 일 있냐고.

면담자　　　일부 또 확인을 하려고 하는데요. 공 잠수사님이 고발이 된 거는 지금 말씀하신 그때 투입된 이광욱 잠수사님이 돌아가신 거에 대한 책임을 물어서잖아요? 근데 잠수사들이 종사명령서를 받고 사인을 하신 거는 그 이후란 말이에요. 이 잠수사님의 사망 사고가 계기가 돼서 (김상우 : 그것 때문에 한 거예요) 계약을 맺은 거란 말이에요. 그러면 그 계약을 맺기 전까지 잠수사님들의 위치는 말 그대로 돈도 받지 않는 그냥 자원봉사자들이란 말이죠. (김상우 : 자원봉사자들이었죠) 그러니까 공우영 잠수사님은 자원봉사자 후배들을 데리고 계속 잠수를 하고 계셨던 거죠, 5월 중순까지.

김상우　　　업무상 과실치사가 아니라는 게 업무가 없었던 거지 그때는, 자원봉사자니까.

면담자　　　그러면 공우영 잠수사님은 그때까지 감독관일 수 없는 거죠?

김상우　　　없는 거죠, 계약된 게 없으니까.

면담자　　　그러면 공우영 잠수사는 자원봉사로 온 후배들을 리드했던 것뿐이지 감독관일 수는 없다는 사실을 확인할 필요가 있어서 제가 이야기를 좀 정리했습니다. 다음에 또 하나 정확하게 확인하고 넘어갔으면 하는 것이 언딘의 역할인데요. 언딘은 바지선을 포함한 장비를 (김상우 : 세팅 바지가 필요했었기 때문에) 제공하는 역할을 하는 (김상우 : 장비만 대준 거야) 것이 언딘의 역할이었고, 근데 그런 역할을 맡기다 보니까 해경에서는 "잠수사를 좀 소개해라"는, 말하자면 공식적인 계약 외의 부탁 차원에서 유성으로 연락이 가서 공잠수사님이 오신 거네요?

김상우   그래서 무죄가 나온 거죠, 계약된 게 없으니까. 그런데 그때 또 "사람들이 더 필요하다"고 해서 해경이 개인적으로 두 분을 모시고 온 거예요. 그래서 한 분은 밤에 잠수하고 한 분은 다음 날 아침에 했는데, 그다음 날 아침에 잠수하신 분이 돌아가셨는데, 그분이 이광욱 잠수사님이에요. 그러니까 우리는 잠깐 몇 시간밖에 못 뵀어요. 어쨌든 그분이 돌아가신 거죠. 그러니까는 우리는 그분이 돌아가신 다음에 우리한테 이제 해경이 부랴부랴 종사명령서를 쓴 거예요. 근데 날짜는 우리가 "온 날부터 쓰라" 그러더라고. 근데 종사명령서는 5월 며칠날, 난 간 게 4월 달인데, 쓴 거는 5월 며칠날 받았고, 날짜는 "4월 며칠로 쓰라"고 하더라고요. 그러니까 보세요. 아까 말씀하신 대로 이광욱 잠수사님이 사망하실 때까지 공우영 잠수사의 권한은 없는 거예요, 다 똑같은 잠수산 거야. 왜냐면 소개만 해준 거, 우리를 소개해 줄려고 중간 다리를 한 거지 그분이 어떤 뭐 감독관의 역할이 없는 거야, 이광욱 잠수사를 잠수를 시킨 것도 해경이었고.

      그리고 업무상 과실치사라 그러는데, 그것도 법으로 물어보고 싶은 게, 자원봉사자에게 업무가 있나 모르겠습니다. 그때는 우리가 뭐 돈을 받고 계약한 것도 아니고, 아무런 뭐가 없는데 왜 업무상 과실치사인지 모르겠습니다, 그래서 무죄가 나왔겠지만. 그걸 법으로 거는 거 자체가 난 참 해경이나 나라나……

면담자 처음에 1심 재판은 목포에서 했었죠? 그때 이제 가보셨을 텐데, (김상우 : 매번 갔었죠, 두 달에 한 번씩) 잠수사들이 어느 정도 가셨어요?

김상우 10분 정도 오셨어요, 왜냐면 우리 잠수사들 일이니까.

면담자 그럼 공 잠수사님은 피의자석에 계시고, 원고인 해경은 어딘가 앉아 있었을 거 아니에요? (김상우 : 건너편에 앉아 있었죠) 그 광경을 보셨네요?

김상우 봤죠, 근데 현장에 있었던 사람은 아니더라고, 모르는 사람이더라고. 그러니까 뭐라고 말도 못 하겠고, 뭐 법에 관련된 사람이 왔겠지. 해경 뭐 법… (면담자 : 법무담당관실이나) 뭐 그런 데서 왔겠죠. 그래서 우리가 무죄를 받아갖고 다시 그러면은 이 분이 돌아가신 거에 대한 죄를 누군가한테 물어야, 가야 되지 않겠냐. 그러면 우리 잠수사가, "공우영 잠수사가 무죄면 해경이 책임진다"고, 자기들이 인터뷰에도, 찾아보면 그게 있어요, 화면에도. 그럼 니네가 책임진다고 했으니 우리가 그들을 고소했단 말이에요.

면담자 아, 공 잠수사님 2심 끝나고 고소했습니까?

김상우 무죄 이후로. 근데 검찰에서 그걸 안 받아줬어요. 기각했어요. 그래서 요번에 특조위[4·16세월호참사특별조사위원회]한테도 그걸 조사해 달라고 부탁을 했습니다, 2기 때, 2기 특조위한테.

면담자 고소의 주체는 누구였습니까?

김상우 저희와 이광욱 씨 가족. 저희 민간 잠수사 몇 명, 저하고 김관홍하고 공우영 잠수사하고 아마 세 명이었을 거예요. (면담자 : 김관홍 잠수사는 돌아가신 이후잖아요?) 아, 돌아가시기 전에 한 거 같은데? 아니야, 하여튼 기억이 잘 안 나네요. 그리고 이광욱 잠수사님의 가족들, 아들하고 아마 동생분하고….

면담자　그러면 이광욱 잠수사님 가족들도 잘 아시고, 같은 입장이셨네요?

김상우　알죠, 같은 잠수사들이니까. 그거는 가족분들도 아시죠.

면담자　그러셨군요. 공 잠수사님은 뭐라고 하셔요? 재판하고 나서.

김상우　뭘 뭐라 그래요. 그냥…, 얼굴이 몇 년 사이에 확 늙어갖고, 아이, 보기도 안 좋아 가지고. 아무 말씀 안 하시더라고요. 그냥 "이 나라, 참 싫다"고, 그분 표현으로는, 원래 욕 잘하시는 분인데, "개떡같은 나라"라고, 그런 말씀 잘하시는데, 개떡같다는 말 잘하시는데, "이게 나라냐?"고 그러시더라고요.

면담자　재판이 일단 무죄로 끝나서 일단 체증 하나는 좀 내려가셨겠네요.

김상우　그렇죠.

면담자   공 잠수사님 재판 이야기는 그 정도로 하고요, 다른 잠수사님들의 근황도 좀 말씀해 주시면 좋을 것 같습니다. 세월호 현장에서 잠수하신 지 6년이 지났는데, '시신 수습하는 과정에서의 경험이 트라우마 정도로 나타나지는 않는 거 아냐?' 하고 생각하시는 분들도 있을 것 같아서….

김상우   시신 수습한 거라 트라우마로 되지는 않는다? 아, 그래요? 제가 알기로는 트라우마 [일어날 거로] 생각하시는 분들이 많은 걸로. 뭐 사람마다 보는 각도마다 다르겠지만….

면담자   그래서 더 정확한 증언이 좀 필요한 겁니다. 김 잠수사님처럼 수색 과정에서 물체가 떨어져서 목 디스크 같은 육체적인 질환이 생기신 분도 있지만, 정신적으로 피해를 보신 분들이 구체적으로 몇 분 정도 계신지, 그분들이 6년이 지난 지금 어떤 현상들이 나타나고 있는지, 이런 이야기들을 아시는 대로 소개해 주셨으면 합니다.

김상우   첫 번째 돌아가셨던 분도 그랬고 몇몇 분은 현장에서부터 트라우마 같은 우울증들이 좀 있었어요, 몇몇 분. 그리고 세월호 현장 나와서 그 직후에 한 1년 동안 심각했던 분들이 한 다섯 분 계셨고, 근데 지금 6년이 지나오면서 치료 과정에서 보면, 그 당시에 트라우마가 없었는데 지금 생기시는 분들도 있더라고, 나도 약간 이후에 나온 스타일인데. 그리고 현장에 대한 트라우마도 있는데, 2차 트라우마라는 게 있대요. 정부에 버림받은 거에 대한, 진상 규명 똑바로 안 된, 그 담에 치료 지원이 안 된 것들에 대한 울분과, 항상 불뚝불뚝 화가 나는 게, 그거 다 살 수 있었던 애들을 왜, 살 수 있는 사람들…, 일반인도 있었으니까, 그런 사람들을 그거 생, 생중계로, 그거 수장시키는 거를 생중계한 거거든요, 나라에서. 해경이나 선원들이나 분명히 배가 어느 정도 이상 각도가 기울면 복원력을 잃어서 가라앉는 걸 알 텐데, 왜 자기들만 나오고, 갑판에만 나왔어도 살 텐데, 근데 왜, 저는 지금도 그게 이해가 안 가서 어떨 때면 화가 나는데, 그런 게 2차 트라우마라고 하더라고요. 근데 진상 규명이 똑바로 안 됐으니 계속 그냥 물음표로 사는 거예요.

그러고 어떤, 계속 몸이 안 좋고, 괴로워하고 병원 다니고 이렇게 사는 거에 대한, 내 처지에 대한 한탄이랄까? 괴로워하는 것도 있고. 어떤 잠수사들하고 이야기 나눠보면 "야, 우리 그때로 다시 돌아가면 또 가겠냐? 이렇게 치료도 안 해주는데?" 그때는 정말 가고 싶은 생각 없었어요. 근데 아마도 갈 거 같애. 왜냐면 국민 때문에 갈 거 같애, 정부 때문에 가는 게 아니라. 우리 다 같은 국민이니까, 우리 누군가 가족이 그런 처리를 당할 수도 있고, 그럼 누군가 도와주셔야 되잖아, 그게 나인 것뿐인 거고. 그런 거 생각하면 몸이 다쳐도 또 가지 않을까…. 결국은 그렇게 또 판단들을 내리시더라고. 그러니까 이제는, 처음에는 후회도 하시는 분들이 꽤 있었어요. 후회도 하고 그랬는데, 잠수사분들이, 지금은 그런 차원을 좀 지난 거 같아요. 후회도 없고, 뭐도 없고, 덤덤하게 이제는 그냥 그렇게 지내시는 분들이 더 많은 거 같더라고요.

면담자   지금 안산 온마음센터에, 좀 멀지만, 다니시는 분들은 몇 분이나 계세요?

김상우   지금 있어요. 이걸 어떻게 말씀드려야 되나…. 온마음센터에 처음에는 저희가 다니려고 했는데 거기를 왜 안 갔냐 하면, 유가족분들을 자꾸 마주치게 되는 거예요. 근데 유가족분들이 싫어서가 아니라 유가족분들이 저희를 보면, 특히 거기 어머니들이 좀 많은데, 어머니들이 보면 저희를 보면, 저희 잠수사들을 보면 손을 잡고 꼭 우세요. "그때 이야기를 해달라"고 하면서 우시는데, 그거 우리도 힘들고 그 부모님들도 힘들고, 그거보다는 '눈에 안 띄는 게 낫지 않을까' 뭐 이런 생각까지 정말 했어. 왜냐면 우리를 보고 자꾸 슬퍼하시니까. "그때 얘기를 해달라"고 하시고, 우리도 힘들고 그분들도 힘들고 그래서 온마음센터 분들한테 "우리 좀 밖에서 봤으면 좋겠다, 병원 말고", 그래서 1년에 한두 번씩 1박 2일로 해서 힐링캠프 갑니다, 저희는. 그래서 야외에서 치료하는 걸로 해서, 그러면 잠수사들 오랜만에 또 모이게 되잖아요. 이렇게 저렇게 해서 또 감사하게도 그렇게 해주시고 계세요.

면담자   그게 몇 번 정도 했어요?

김상우   한 3년째 하고 있어요. 2017년? 16년인가 17년 그때부터, 4년 되었네, 16년부터일 거예요, 아마. 올해가 아직 못 했으니까 작년까지면 한 네 번.

면담자	어디로 주로 갑니까?

김상우   그냥 근교, 뭐 청평, 양평 이런 데 가서.

면담자   누가 오셔서 해요?

김상우   온마음센터 부센터장이랑 거기 의사분들이랑 복지사 분들인가 그런 분들이랑 와서 저희들 이야기 듣고, 잠수사분들 7명 에서 10명 정도 모이고, 그러면서 뭐 저희들끼리 수다도 떠는 거고, 족구 한번 하고, 그리고 그냥 밀린 얘기하고 그러고 오죠. 특별한 거 없습니다.

면담자   상담 전문가들도 가셔서 상담도 하시고?

김상우   그날 그것도 하죠.

면담자   그런 것도 도움이 됐겠네요.

김상우   그래서 인제 그분들한테 물어보면, 우리는 잘 모르겠 는데, "4년 동안 저희가 좀 바뀐 거 같냐?"고 물어보면 "아, 많이 좋 아지고 바뀐 걸 느낀다"고 하시더라고요. 그분들은 알 거 아니에요, 리스트가 있을 것이고 관리를 했으니까, 꾸준히 저희를. 제가 생각 해도, 많이 감사하기도 하고, 많이 좋아지기도 한 거 같아요, 잠수사 들이. 오시는 분들만 오시기는 하는데, 한 명만이라도 치료가 된다 면 그러면 땡큐 아닙니까, 감사한 거고. 또 그것 때문에라도 치료가 된다면, 그렇잖아요, 꼭 많은 사람이 그럴 수도 있지만 그게 아니어 도, 트라우마라는 게 쉽게 그게 뭐 되는 게 아니니까. 그 이후에 어 쨌든 잠수사들이 극단적인 행동하는 사람이 없고, 어쨌든 그럭저럭 지내고 있으니까…. 그게 다 뭐 여러분들, 유가족분들이나 4·16연대 [4월16일의 약속 국민연대]나 4·16재단이나…, 꼭 그 이야기를 하고 싶어요, 4·16재단이나 온마음센터 분들이나 고맙게, 교수님도 계시지만, 이렇게 신경 써주시는 분들이 계셔서 고맙게 생각을 하고, 더 힘을 내는 거죠.

면담자　　　공우영 잠수사님을 대표로 해서 언딘 바지에서 장기적으로 잠수했던 분들이 25명 정도였잖아요? 그분들 중에 지금 현재 잠수 일을 하고 계시는 분들이 얼마나 계셔요?

김상우　　　글쎄, 한 10명이 채 안 될 거 같은데요? 그 25명 중에 실제 잠수를 하신 분들은 20명이에요. 나머지 5명은 텐더 역할을 했거나 챔버 오퍼레이터라든가, 챔버에서 이렇게 조정해 주는 사람도 필요하거든요. (면담자 : 텐더는 뭐예요?) 잠수할 때 호스를 잡아주거나 잠수사가 들어갈 때 옷을 입혀주고, 위에서 그런 역할들을 해주는 사람들이 있어요. 텐더라 그래요, 텐더. 그래서 실제 잠수했던 사람들은 20명 정도 될 거예요. 그러면 돌아가신 분 빼면 20명이 채 안 되는 사람들이잖아요. 거기서 골괴사 8명 빼고, 나 같이 디스크 있는 사람은 또 잠수 안 하고, 그다음에 트라우마 때문에 잠수를 안 하시는 분이 계시고, 그래서 실제 잠수하시는 분이 아마 7, 8분 정도?

면담자　　　근데 몸이 좀 아파도 잠수하면 되지 않습니까?

김상우　　　큰 업체에서는 몸이 아프면 안 받아줘요. 건강검진을 갖고 오라고 하니까. 근데 작은 업체나 뭐 며칠짜리 하는 것들, 이런 거는 이제 먹고살아야 하니까 알바식으로 가끔가다 아파도 그냥 통증 약 먹고 하실 때도 있죠.

면담자   그러니까 정상적으로 높은 수당을 받고 예전처럼 잠수를 하는 것은 좀 어려운 상태들이시네요. 근데 인제 먹고살아야 하니까 그런 정식 계약에 의해 높은 수당으로 일하는 건 못해도 아르바이트식으로 조금씩 하시는 분들도 계신 거고?

김상우   근데 골괴사인 사람은 [그것도] 하는 사람[이] 없어요.

면담자   여덟 분은 아예 아르바이트도 못 한다…. 그러면 그런 분들은 생계를 어떻게 하십니까?

김상우   그러니까는 관홍이도 대리운전 했지만, 대리운전 하시는 분도 계시고, 그냥 백수같이 노시는 분들도 계시고, 아니면 아예 다른 데, 뭐 친구 회사에 잠깐 이렇게 얹혀 있는 사람도 계시고, 그냥 그런 거 같아요.

면담자   그 골괴사 병 얻으신 분들은 4·16민간잠수사회에 나오시고?

김상우   네, 네. 나오시고, 아까 이야기한 대로 가끔 이렇게 힘들지 않은 알바가 있으면 그런 거 간간히 하시는 분도 계시는 것 같고, 아무튼 그렇습니다.

면담자   그렇다면 4·16민간잠수사회는 이 달라진 상황에서 잠수사들의 미래를 어떻게 그려갈 것인가도 아주 중요한 과제겠네요.

김상우   치료 지원도 지금 문제지만, 그것도 안 돼서 지금 이야기하고 있지만, 사실 그게 된다고 하더라도 사실 '앞으로 어떻게 사나' 이것도 막막해요, 이 환자들이. 골괴사 된 사람들이나….

7
앞으로의 삶에 대한 생각

면담자   4·16민간잠수사회에 속한 잠수사들이 12, 13명일 거란 말이에요. (김상우 : 지금 18명 돼요) 아, 18명이면 그 반이 골괴사거든요, 지금. (김상우 : 그러니까 반 이상이 환자죠) 그분들은 앞으로 살 길이 막막하잖아요. 이걸 앞으로 어떻게 해결해 갈 것인가가 큰 과제겠어요.

김상우   맞습니다, 그게 큰 숙젭니다.

면담자   뭐 뾰족한 방법을 생각해 내신 거는 없으신가요?

김상우   없으니까, 지금 이렇게까지 하고 있죠.

면담자   그렇다면 잠수사들이 세월호 참사 이후에 생계를 정상적으로 유지해 갈 수 없는 상황이 되었다는 것이 제일 큰 피해 아닌가요? 피해가 꼭 부상을 입어서 치료 지원을 받는 것만이 아니라는 생각이 드는데요.

김상우   그러니까요. 경제적으로 지금 아웃됐고, 몸도 안 좋지, 정신적으로도 그렇지, 모든 게 다 힘든 거예요.

면담자   삶 전체가 망가져 버린 그런 피해에 대한 국가에서의 조치 등에 대해 어떤 바람 같은 게 있으시면 말씀해 주시죠.

김상우　　　　글쎄요……. 지금은 뭐 치료도 안 되는 상태에서 "치료부터 해주세요" 뭐 그러고 있는데, 그 이후에 또…, 뭘 또 바라겠습니까…. 그러니까 진짜 아……. 이 치료도 안 해주는 나라에서 뭘 바라겠어요. 바라는 거 있어도 말하고 싶지도 않고, 솔직히. 치료도 안 되는 나라에서 뭘 또 얘기하겠습니까만은, 그냥 나중에 좀 도움이 된다면, 안전에 관련된, 물에 관련된 그런 교육 시스템이 있다면 참여하고 싶고…. 제 개인적인 얘기지만, 한강, 제가 과거에 성수대교 무너질 때도 시신 작업을 했지만, 그때는 무학여중 학생이었던 거 같애요. 그때 참 안타까웠는데, 어쨌든 이 한강 교각 검사를, 지금 어떤 시스템으로 돌아가고 있는지 모르겠지만, 몇 명이서 그냥, 교각이 많으니까, 그걸 우리가 그냥 안전진단, 점검을 한다든지 어떤, 이렇게 좀 안전 쪽으로 관련된 일을 하는 거를 하고 싶고, 그래도 우리가 제일 잘하는 일이니까. 그건 이렇게 큰 노동을 하는 것이 아니라 안전 점검을 하는 거기 때문에, 하지만 경험이 많은 사람이 해야지만 답이 나오거든요. 이게 좋다 안 좋다 답을 내기 위해서는 그래도 경험 있는 자가 해야 되기 때문에, 그래서 그런 일을…. 내가 지금 몇 가지 생각난 거를 이야기한 건데, 아휴 뭐 치료도 안 해주는데 그것까지 되겠습니까….

면담자　　　　그럴 때일수록 적극적으로 하셔야지…. (김상우 : (웃음)) 세월호 참사 이후에 해양 안전에 대한 교육 등의 필요가 더 커졌잖아요? 그런 일에 참여하고 싶다는 뜻을 비추셨는데….

김상우　　　　국가가 만약 세월호 참사 이후에 수상에 관련된 안전 교육이라든가 그런 거를 생각하고 있고 계획하고 있다면 우리 민간 잠수사들이 거기에 참여해서 교육 프로그램에 아마 들어간다면 우리가 제대로 된 교육을 하지 않을까…. 그런 거는 경험도 많고, 실질적인 경험을 많이 했기 때문에, 강사였던 분들도 실질적으로 계시고, 가르쳤던 분들도 계시고 하니까 그런 거에 참여하면 좋을 거 같다는 생각이 들어요.

면담자 일이 없으시니까 그냥 어떤 일상을 보내고 계신지가 궁금해요.

김상우 뭐 일 없다고…, 밥 한 끼만 먹고 지내죠 뭐(웃음).

면담자 몸을 움직이시던 분들인데, 참 무료하시겠어요.

김상우 그러니까…, 옛날 생각 잘 안 해요. 하면 속상해요. 잊어버렸습니다, 사실. 지금 앞으로 어떻게 할 건지 사실, 말씀은 제가 안 드렸지만, 고민이 많죠. 앞으로에 대해서 어떻게 할지, 이렇게만 지낼 수는 없잖아요, 사람이. 그래서 많이 고민하고 있죠.

면담자 세월호 참사 이후 6년이라는 기간을 까먹어 버렸는데, 참 인생에 대한 회한이 되게 많으실 수밖에 없을 것 같아요.

김상우 똑같은 이야기예요. 하지만 후회는 없습니다, 간 거에 대해서. 아마 안 갔으면 평생 후회했을 거예요, 지금 잘살고 있어도. 그래서 내가 지금 예전같이 잘 지내고 있지는 않지만, 후회가 없어서 그나마 그게 나은 거고….

면담자 그러면 '후회하지 않고 자신의 지금 현실을 받아들이

시고 앞으로 극복해 갈 것이다'라고 생각하시는 거네요.

김상우   언젠가 극복이 되겠죠, 지금은 많이 힘들지만. 저 같은 경우도 제가 잠수사들에 대해서 제가 대변인 아닌 대변인식으로 일을 많이 봐요, 몇 년 동안. 왜냐면 서울에 모든 중앙 기관이 있기 때문에 누굴 만나도, 인터뷰를 하건 제가 제일 빠르기 때문에, 서울에 있는 제가. 그렇지만 사실 지쳐요. 오늘 이렇게 구술을 하지만, 이렇게 인터뷰를 하고 나면 또 그때 생각에 막 이야기를 하고 하면, 그날은 되게 나도 모르게 좀 우울한 하루가 돼요. 그러면 또 입에 술을 대야 되고, 소주를 먹으면서, 술을 한잔하면서 그때 생각을 하면서 쓸쓸히 잠을 자요. 항상 그랬던 거 같아요. 남들한테 알려야 되기 때문에 인터뷰하고 접촉을 하고 하지만, 사실 그때 상황 이야기를 이제 더 하고 싶지는 않거든. 그냥 인제 좀 버겁더라고, 힘들고. 근데 할 사람이 없기 때문에 제가 하긴 하는데, 제 개인적으로는 좀 그런 마음이 있죠.

면담자   오늘 중요한 말씀 많이 해주셨는데, 마지막으로 제가 그래도 꼭 한마디 듣고 싶은데요, 이 나라에, 정부에 대해서 하고 싶은 말씀을 있는 그대로 좀 해주셨으면 좋겠어요.

김상우   진짜로 하고 싶은 얘기 있습니다. 창피하게 살지 좀 말았으면 좋겠어요, 정치하는 사람들. 잘못한 거 있으면 그냥 인정하고, 인정할 거 좀 인정하고 앞으로 안 그러면 되는데, 우리나라 사람들이 그래도 정이 있어서 그런 거 다 용서를 해줄 거 같애. 근데 자꾸 거짓말하고 은폐하고 나중에 드러나면 그건 용서가 안 되거든요. 그냥 그 당시 뭐가 있었는지 얘기 좀, 할 수 있는 사람이 있다면 해주고, 빨리 진상 규명 좀 되고, 속 시원히 좀 그랬으면 좋겠고. 또 한 가지는 사고는 날 수 있어요. 그거에 대한 대응 좀 제대로 했으면 좋겠어요. 배 옆으로 넘어질 수 있어요. 배마다 달라, 느닷없이 가라 앉을 수 있어. 헝가리같이 그건 목선이니까 배가 구멍이 난단 말야 바로. 구멍이 나니까, 물이 들어오니까 느닷없이 그냥 [가라앉은 거거 든요]. 서해 페리호 때도 느닷없이 빨리 가라앉았지만, 세월호 때는 좀 다르거든. 충분히 대처할 수가 있었단 말이에요. 그러니까 어떤 사고는 날 수 있되, 그거에 대비는 물론 해야겠지만, 사고가 난 이후 에도 좀 재빠른 조치가 있었어야 돼. 좀 '희생이 안 되도 될 사람들, 희생이 안 될 수도 있을 거 같다' 그런 생각도 들고. 세상이 어떻게 사고가 안 나겠어요.

여야를 떠나서 해야 될 거는 좀 인간적으로다가 생각을 해서, 여 당이든 야당이든 그런 생각 없이, 아니 구조자가 다쳐서 구조하던 사람이 아프다는데 그거 치료해 주는 게 그게 여야의 문제냐고. 그 때도 자한당이 세월호의 '세' 자도 싫다는 그런 뉘앙스로. 세월호와 관련된 민간 잠수사니까, 우리가 지금 법사위에 계류 중인데, 김관 홍법이. 세월호가 아니어도 어차피 민간 구조자가 어디 가서 구할 수도 있는 건데, 이게 좀 제대로 되어야 누군가 달려가지 않겠어요? 좀 인정할 건 인정하고 그렇게 사는 게 사람다운 사람 아닌가? 그거 많이 배운 사람들이 꼭 그걸 인정을 안 하실려고 하더라고요. 똑똑 해서 그러신지는 모르겠는데, 우리같이 무식한 사람들은 인정할 건 인정하거든. 아니면 아닌 거고 기면 기고, 잘못한 거는 잘못한 거고,

그래야 그 이후에 그런 일이 또 안 일어나니까. 그런 것들을 이야기하고 싶어요.

면담자 문재인 정부 서고 좀 기대하지 않으셨어요?

김상우 그랬죠, 문재인 정부 서고 기대했죠. 근데 어느 정도 인정은 하지만 그래도 좀 실망이 커요. 크다기보다 실망이 좀 있죠, 변한 게 뭐 별로 없으니까. 잠수사들 입장에서 이야기하는 겁니다. 그래서 좀 안타깝죠.

면담자 뭘 좀 해주셨으면 좋겠어요?

김상우 아니, 잠수사들 치료해야 할 사람들 치료 좀 해주고, 그리고 안전한 세상이 되게끔 진상 규명도 빨리빨리 좀 처리하고, 투명하게 잘, 어차피 이거 나중에 밝힐 건데 왜 이렇게 자꾸 시간을 끄는 건지. 언젠가 알려질 일인데, 빨리 좀 속 시원하게 좀 알았으면 좋겠다는 생각이 좀 들어요. 이게 대통령 하나의 문제는 아닌 것 같고 공무원들의 문젠 거 같애요, 모든 공무원들, 대통령 포함해서 모든 공무원들, 고위공직자들. 그냥 그때 눈감고 아웅식으로 그냥 사고 나면 그때 가서 뭐 잘못했다고 잠깐 그러고 말고 또 사고 나면 그때 잠깐…, 그러니까 그게 반복이 되지 않나…, 진짜로 대처를 하고 있는 건지 그것도 잘 모르겠고….

면담자 바지선에서 해경 고위간부들을 봤단 말이에요? 바지에서 그분들이 어떤 정도의 역할을 했었는지 잘 아시잖아요. 근데 결국 123정장만 재판에 회부되고 형을 언도받았어요.

김상우   제일 잘못된 사람은 [해경] 목포서장이에요. (면담자 :
김문홍) 김문홍이 제일 잘못했어요. 왜냐면 123정장에게 바로 직속
으로 명령을 내릴 수 있는 사람이 김문홍이거든요. 그러면 123정장
한테 가갖고 안에 가보고 사람들 있으면 바깥에, 갑판에 나오라고
시키고 자기는 출발했어야 했는데….

면담자   그러니까 제가 드리는 말씀은 바지에서 나와서 전체
적인 상황을 보시고, 현재 그분들이 어떻게 지내는지 대충 알잖아
요. (김상우 : 잘 지내고 있겠죠, 뭐) 다 승진해서 중요한 요직에 있잖아
요? 그거에 대해서 어떻게 보시는지도 좀 들어보고 싶어요.

김상우   아니 뭘 어떻게 보겠어요. 잘못된 거죠. 잘못된 거고,
죄인이 그렇게 잘되면…. 참 우리나라가 문젠 게 옛날 친일파들이
다…, 청산을 안 하니까 이승만 때, 청산을 안 해갖고 그 친일파들이
지금도 계속 잘살고 있듯이, 똑같은 거 같애요. 왜 죄인들인데 죄인
인 사람들이 그렇게 진급까지 하고 잘 지내는 건지…. 잘못했던 사람
들은, 김문홍 씨도 잘못된 거고, 진짜 죄를 많이 지은 사람들이죠.
"할 거 다 했다"고 청문회 때 그렇게 이야기하시더라고. 그거 아니거
든요. 제일 중요한 걸 안 해놓고 그걸 "다 했다"고 그러는지 모르겠어
요. 바깥으로 내보내는 것이 그게 중요한 거지 뭘 보고, 보고, 맨날
그때 보고만 했잖아, 하고 말았잖아요. 정말 잘못된 시스템이었죠.

면담자   새 정부가 들어서고 많은 바람이 있었지만 크게 변한
건 없었고, 그게 대통령에 대한 실망일 수도 있고, 또 해경이나 해수
부 공무원들에 대한 실망일 수도 있는데….

김상우   그렇죠. 잘못된 거죠. 이번에 특검이 뭐 조사를 하고 있다는데 얼마만큼 하고 있는지 그것도 의아해하고 있습니다, 지금. 기대를 해야 되는데 그게 기대가 안 돼서, 문제가, 걱정이 큰 거죠.

면담자   구술이 이게 마지막 말은 좀 희망 이야기도 하면서 끝내야 하는데, 그럴 상황이 아니라서 그런지, 좀 그렇네요.

김상우   아니요, 그대로 이야기를 해야지 어쩌겠어요.

면담자   아쉬움을 남기면서 구술을 마무리해야 하겠네요.

김상우   하지만 언젠가 뭐 진상 규명이 될 거라고 믿고, 더 안전한 세상이 될 거라고 믿고, 저희 잠수사들도 더 회복이 돼서, 나이를 먹고 늙을지언정 회복을 해서 잠수가 아니라 다른 일을 해도, 잠수에 관련된 일이라도 나중에는 잘 지내게끔 그런 희망은 있습니다. 막연하지만, 부디….

면담자   알겠습니다. 마무리하려고 하는데 괜찮으시겠습니까?

김상우   네.

면담자   고맙습니다.

김상우   아닙니다. 저도 오랜만에 또 만나 뵈니 반갑고, 또 못했던 이야기 많이 한 거 같아요.

면담자   네, 고맙습니다. 이것으로 2회차 구술을 마치겠습니다.

김상우   네, 고맙습니다.

4·16구술증언록 잠수사 제1권

그날을 말하다 잠수사 김상우

ⓒ 4·16기억저장소, 2020

기획 편집 4·16기억저장소 ┆ **지원 협조** (사)4·16세월호참사가족협의회

펴낸이 김종수 ┆ **펴낸곳** 한울엠플러스(주)

초판 1쇄 인쇄 2020년 4월 1일 ┆ **초판 1쇄 발행** 2020년 4월 16일

주소 10881 경기도 파주시 광인사길 153 한울시소빌딩 3층

전화 031-955-0655 ┆ **팩스** 031-955-0656 ┆ **홈페이지** www.hanulmplus.kr

등록번호 제406-2015-000143호

Printed in Korea.

ISBN 978-89-460-6789-9 04300

978-89-460-6801-8 (세트)

* 책값은 겉표지에 표시되어 있습니다.